그림으로 쉽게 이해되는 영어 문장 핵심 원리

한국식 영문법 말고 원어민식 그림 영문법

안 해 순 지음

한국식 영문법 말고 원어민식 그림 영문법

발 행 | 2023년 03월 25일
저 자 | 안해순
펴낸이 | 한건희
펴낸곳 | 주식회사 부크크
출판사등록 | 2014.07.15.(제2014-16호)
주 소 | 서울특별시 금천구 가산디지털1로 119 SK트윈타워 A동 305호
전 화 | 1670-8316
이메일 | info@bookk.co.kr

ISBN | 979-11-410-2152-8

www.bookk.co.kr

한국식
영문법
말고
원어민식
그림
영문법

안 해 순 지음

CONTENTS

【한국식 영문법 말고 원어민식 그림 문법】

Part 1. 원어민식 영문법 큰 그림

What are all those rules for?

수많은 영어 문법 규칙이 결국 무엇을 위해 있는 것일까요? 그 문법 규칙들을 아우르는 궁극적인 큰 그림을 그려보고자 합니다.

Part 2. 원어민식 영문법 쉬운 그림

How could all those rules make sense?

"Education is what remains after one has forgotten what one has learned in school."

- Albert Einstein-

(교육은 우리가 학교에서 배운 것을 망각한 이후에도 여전히 우리 안에 남아 있는 것이다.)

쉬운 말로, 상식선에서 이해될 수 있는 규칙이어야 우린 그걸 기억하고 지킬 수 있습니다. 마치 세종대왕의 한글이 그러했듯이 일상사로 바쁜 우리가 그 규칙을 이해하는 데 뭐 대단한 지능과 수십 시간의 노력이 들어선 안 됩니다. 그건 규칙이 잘못된 거지요. 망각의 강을 건넌 이후 살아남은 알맹이 영문법을 우리 상식으로 설명해 보고자 합니다.

Part 3. 원어민식 영문법 나도 그림

How could we diagram sentences with all those rules?

영어 원어민들은 어려운 문법 용어를 쓰지 않고 시각적 구조화를 통해 긴 영어 문장의 의미를 쉽게 파악하도록 초등부터 교육합니다. 길든 짧든 하나의 문장은 반드시 핵심 정보인 주어와 동사가 하나씩 있습니다. 동사에 따라 목적어든 보어든 따라오기도 합니다. 그 이외의 것들은 그저 세부 정보들입니다. 영어 문장의 핵심 성분을 파악하고 그것을 나머지 세부 정보들과 함께 하나의 구조도로 표현하는 문장 다이어그램은 문장의 구조를 한눈에 직관적으로 파악할 수 있는 탁월한 방법입니다. 우리도 어려운 한자로 된 문법 용어, 복잡한 설명 없이 원어민들처럼 그저 쉽게 그림 하나로 문장 구조를 파악할 수 있습니다. 문장 다이어그래밍의 핵심 원리를 쉽게 설명했습니다.

Part 4. 수능 기출 문장, 한눈에 딱!

Shall we practice sentence diagramming?

대학 수학능력시험에 출제된 영어 지문들은 대부분 길고 문장 구조가 복잡합니다. 게다가 소재와 주제가 추상적일 경우가 많습니다. 하지만 문장 구조에 대한 지식이 있다면 긴 영어 문장도 쉽게 파악할 수 있습니다. 실제 수능 기출 문장들을 다이어그래밍하여 한눈에 파악하는 연습문제와 해설을 담았습니다.

영어 원어민이 아닌 우리가 영어에 대한 직관을 가지는 것은 불가능한 일입니다. 어떻게 하면 최대한 그들의 직관과 같은 역량을 키울 수 있을까요? '우리가 영어 문법을 잘 모르기 때문에 영어를 못한다'는 잘못된 최면을 걸면서 그 밑도 끝도 없는 영어 문법 공부를 또다시 시작해야 할까요?

제가 미국에서 영어 교육 석사 과정을 하던 시절, 제 지도 교수님은 영어 교사 지망생인 현지 미국인 학부 학생들을 위해 영어 문법 과목을 개설하셨습니다. 그리고 저와 같은 영어 교육 석사 과정 학생들도 그 수업을 이수하도록 했습니다. 대부분 석사 과정의 학생들은 현지 ESL 영어 선생님이거나 저와 같은 유학생으로 영어 교사 또는 영어 교사 지망생이었습니다. 저는 한국에서 그 수도 없이 배운 영어 문법적 지식이 그 수업에서 큰 무기가 될 걸 기대하면서 수업을 기다렸습니다.

그런데, 저의 기대와 달리 그 수업에는 '~적 용법'이라는 소리는 조금도 없었습니다. 교수님은 매번 칠판에 무슨 그림 같은 걸 그리셨습니다. 얼핏 보면 나뭇가지처럼 보이기도 했습니다. 다만 세로가 아닌 가로로 누운 나무 같은 형상의 것을 매일 같이 그렸습니다. 원리는 간단했습니다. 영어 문장을 분석해서 핵심어를 가로로 놓인 메인 가지에 두고 나머지는 아래로 그 곁가지로 그려 넣는 식이었습니다. 저는 그 방법을 처음 접했습니다. 하지만 그 당시 미국 초등학교를 다니던 제 아이들도 그 문장 다이어그램을 학교에서도 배우고 있었습니다.

우리가 법조문같이 외운 그 많은 규칙 대신 원어민들은 머릿속에 문장을 그림으로 시각화하면서 직관적으로 익혔던 것입니다. 저는 무릎을 '탁' 치며 이거다 싶었습니다. 그 도식화된 문장을 처음 접한 대다수 유학생들은 첫 시간엔 어리둥절하였습니다. 그 수업에 참여한 유학생들은 중국, 일본, 한국 출신이었고 우리는 1형식, 2형식, '~적 용법' 같은 걸로 문법을 배웠으니, 놀라는 것도 당연한 일이었습니다. 다행히 며칠의 적응 기간을 거쳐 우리는 문장에서 알맹이를 찾아내는 그 방법에 차차 적응을 했습니다.

저는 '그 방법이 어쩌면 대한민국의 수많은 '~적 용법'으로 가득 찬 문법 수업을 대체할 수 있지 않을까?' 생각합니다. 저는 이 책의 마지막 파트에 원어민들처럼 문장 구조를 말이 아닌, 그림으로 익히는 방법에 대해 상세히 설명하였습니다. 이 책이 대한민국의 많은 영어 학습자들에게 영어 문장을 쉽고 직관적으로 파악하는 데 도움이 될 수 있기를 희망합니다.

2023년 봄,
안해순

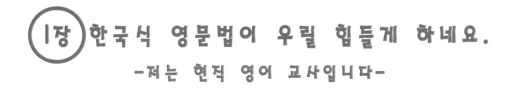

1장 한국식 영문법이 우릴 힘들게 하네요.
-저는 현직 영어 교사입니다-

▌ 영문법이 제일 중요합니닷~!!

며칠 전 우리 학교 일 년 계약직 선생님을 선발하기 위한 면접이 있었다. 나는 영어과 부장을 맡고 있었기에, 면접관으로 들어갔다. 그분은 대학 편입시험 영어와 공무원 시험 영어를 주로 가르쳤다고 하셨다. 교감 선생님의 몇 가지 질문이 이어진 후, 나는 영어 교육과 관련된 질문을 드렸다. "영어 교육에서 무엇이 제일 중요하다고 생각하시나요?" 그분의 대답은 "문법이 제일 중요하다고 생각합니다"이었다. 그분의 이전 경력을 생각하면 어쩌면 그 대답은 너무 당연할지도 모른다. 한 줄 세우기를 위한 영어 시험인 편입시험, 공무원 시험에서 최우선의 원칙은 변별력이다. 그것도 논란의 여지 없이 지원자들을 한 줄로 세우는 것이 애초의 목적일지 모른다. 치열한 경쟁이 있는 편입시험과 공무원 시험의 당락은 어쩌면 몇 개의 어려운 문법 문제에서 판가름 날지도 모른다. 당연히 그 수험생들에게 최대 관심사는 어떻게 해서든 문법에 관한 실수를 최소화하는 것이다. 그런 입시학원 강사들은 수험생들이 세세한 문법 규칙까지 철저하게 자동화시킬 수 있도록 연습시킬 것이다.

▌ 한 줄 세우기엔 영문법이 최선?

그런 한 줄 세우기 모드는 일선 고등학교에서도 예외는 아닌 듯하다. 물론, 내가 근무하는 중학교에는 그렇게 심한 한 줄 세우기는 없다. 하지만, 변별력이라는 미명아래, 무지막지한 시험 문제를 한두 개 넣는 일이 다반사다. 심한 경우에는 영어 문법 문제라 하기에도 어색할 만큼 시시콜콜한 걸 묻는 문제도 많다. 그런 사소한 문법 규칙에 연연해하는 영어 공부는 이제 그만 시켜야 할 시대가 온 것 같다.

▌ 한국식 영어 문법 교육이 우리를 힘들게 해.

미국에서 5년가량 지내면서, 마지막 3년 동안 두 아이는 사립학교를 다녔다, 그 학교에는 우리 아이들이 유일한 외국인 이였고 학교에서 일상의 대화는 당연히 영어로 이루어졌다. 사립학교에서의 3년 동안 아이들은 제법 수준 높은 문법 공부와 쓰기 교육을 받았다. 둘째의 경우는 다독상도 받는 등 5년의 미국 생활로 영어에 자신감이 있었기에 한국으로 귀국 이후, 둘째를 외국어 중점학교로 소문난 사립학교에 입학시켰다. 그 학교는 영어 수업을 국제반/일반반으로 나누어 수업을 진행한다고 했다. 입학 할 당시 원어민 선생님과의 인터뷰로 우리 아들은 국제 반에 편성되었다. 국제반은 원어민 수업이 더 많았고 일반반은 한국인 수업이 더 많이 편성, 운영되었다.

그런데 외국어 중점학교라던 그 중학교 영어 중간/기말 시험 문제를 보고 기함을 했다. 한국식 영어 문법 문제로 가득했다. 여전히 '~적 용법', 문장의 5형식과 같은 고전적인 영어를 가르치고 있었다. 중학교 입학 후 첫 학기 교내 영어 글짓기에도 최우수상을 받은 아들이지만 결국, 한국식 영어 문법 위주의 문제로 가득한 지필 고사에는 성적이 좋지 않았다. 결국 한 학기를 지내고 2학기 시작 전에는 일반 반으로 강등되었다.

아이러니하게도, 2학기 반 편성에는 원어민과의 인터뷰나 작문과 같이 실질적인 영어 사용능력은 평가받지 못했다. 반 편성을 결정짓는 요인은 한국식 영어 문법 지식이었다. 국제반으로 배정된 학생들은 대부분 의사소통 능력이 부족하고 한국식 영어 문법을 달달 암기한 학생이었다. 학교에 문의를 했지만, 학교는 '성적순으로 반을 나누었으니 별문제가 없다'는 입장이었다. 그 학교가 기르고자 하는 영어 능력이 무엇이냐고 문의해도 별 답변을 들을 수 없었다.

그 학교는 소위 엘리트를 선발해 가는 학교로 소문이 나서 학부모들 사이에서 인기가 높은 학교이다. 하지만 현실은 소문과 많이 달랐다. 그런 한국식 영문법만을 추구하는 교육과정에 아들을 남겨 두고 싶지 않았다. 결국 남들이 부러워하는 그 학교를 그만두게 하고 집 근처 일반 중학교로 아들을 전학시켰다.

▌ 영문법도 수학 공식처럼 깡그리 외우는 거?

나는 우리가 흔히 말하는 중학교 영어 문법 교육에 상당한 거부감과 문제 의식을 가지고 있다. 중학교 영문법에 대한 거부감은 아들의 첫 한국 중학교에서 겪은 씁쓸한 경험도 한 몫 하지만, 나의 개인의 경험에서 강하게 비롯되었다.

예전 중학교 시절 그 이해 불가한 영어 문법 시간은 내가 영어를 싫어하게 된 이유였다. 따뜻한 봄날, 점심을 맛있게 먹고, 식곤증이 몰려오는 오후 시간이었다. 여느 때처럼, 우리 영어 선생님은 알 수 없는 수학 공식 같은 무언가를 칠판에 쓰셨다.

주어　　　　+　　　동사　　+　　　목적어
= 목적어 (주격으로 변형)　　　+　　　be (동사의 p.p 모양)　　by 주어 (목적격으로 변형)
아마도 대한민국 중학교 이상 학력을 가진 사람이라면 이것이 그 유명한 '능동태를 수동태로 변형하는 공식'이라는 것을 알 것이다. 뭐에 쓰는 공식인지 진정 이해는 가지 않았지만 공식 자체는 뭐 그리 복잡해 보이진 않았기에 그냥 선생님이 시키는 대로 공식처럼 외웠다. 시험에 이 패턴이 보이면 무조건 바꿔 넣기로 했다. 그런데, 영어 미아였던 나는 그 당시, 그 수학 공식 같은 영어 문법을 왜 배워야 하는지 도무지 알 수 없었다. 수학 문제처럼, 그렇게 등식을 전개해 나가듯이 푸는 게 영어였던가? 나는 벌써 30년도 지난 지금도 그날의 갑갑함을 생생히 기억한다.

▌ 영문법이 법 조항 같은 거?

우리는 문법을 마치 대한민국 헌법을 보듯이 그저 규칙인 듯이 암기하도록 강요한다. 그리고 그 규칙에 입각한 오류 문장을 찾아내는 능력을 테스트한다. 그런데, 여기서 우리는 한 가지 간과하는 부분이 있다. 바로 그 먼 옛날, 무지한 영어 학습자인 내가 강하게 품은 의구심, '저걸 왜 배워?', '저게 우리 일상과 무슨 상관이 있어?' 라는 것에 대한 답을 학습자에게 제시하지 않는다. 해설 부분을 얼핏 보면 무슨 법 조항 같다. 게다가 뜻 모를 영어 문법 용어를 마구 사용하면서 학습자들을 더욱 미궁으로 빠트린다. 그리고 수학 문제처럼 o,x의 절대 답을 요구한다.

▌ 어렵게 접근하는 한국식 영문법

30년 전 중학교 시절 영어 선생님께서 해주신 수동태 설명은 아쉬움이 남는다. 그때 그 두 가지 패턴의 문장(수동태, 능동태)이 어떤 쓰임의 차이가 있는지, 어떨 땐 수동으로 쓰고 어떨 땐 능동으로 써야 하는 지에 대한 설명을 해주셨더라면 좋았을 텐데. 그리고 어려운 한자 문법 용어 (수동태, 능동태)보다 그 기본 개념을 먼저 알려줬으면 좋았을 텐데. 중학교에서 처음으로 ABC 를 배운 왕초보 영어 학습자였던 내가 수능 영어를 치고 TOEIC과 TOEFL을 치르고 미국 대학교 영어 교육 석사와 교육학 박사를 거치고 나니 영어 문법 규칙들의 본질이 쉽게 이해가 된다.

▌ 이런 방법은 어떨까?

능동/수동을 가르치기 전, 두 가지 상황의 예를 먼저 들어주는 건 어떨까?

> 상황 1. 한글날을 기념하여, 우리나라 한글에 대한 글을 영어로 써볼까요?
>
> 상황 2. 많은 한국 사람들이 존경하는 세종대왕을 소개하는 글을 써볼까요?
>
> (A) Hangul was invented by King Se-jong.
> (B) King Se-jong invented Hangul.

상황1의 글에는 (A) 문장이 어울린다. 그리고 상황2에는 (B) 문장이 잘 맞아 들어간다. 이유는 바로 각각 글의 초점 때문이다. 영어는 말이고, 정확한 의도 전달이 제일 중요하다. 상황에 따라 초점을 어디 두느냐에 따라 어떨 때는 능동으로 어떨 때는 수동으로 문장을 구성한다. 이런 점을 미리 알려주고 나면, 학습자들은 각 문장 패턴의 필요성을 쉽게 납득하게 된다. 그래서 더 귀를 열고 각각의 문장 패턴을 익히고 상황에 맞게 패턴을 바꾸어 사용해야 함을 이해한다. 결과적으로 각 상황에 맞고 전달하는 의도에 맞게 패턴을 선택적으로 사용할 줄 알게 된다. 결국, 문법 교육에서 제일 중요한 것은 그 규칙이 어떤 의미(meaning), 어떤 기능(function)을 하는지, 어떤 정보의 차이를 발생시키는지를 알려 주는 것이다.

외국어로서 영어를 배우는 우리에게는 그 원어민의 직관이 있을 리 만무하다. 그러니, 문법 규칙을 배우기 전에 많은 문맥에서 그 문법 규칙이 어떤 의미적 차이나 정보를 전달하는지를 아는 게 제일 관건이다. 그리고 어려운 문법 용어를 모르면 못 풀게 하는 그런 시험 문제나 '~적 용법'을 묻는 그런 시험 문제들은 이제 그만 나와도 될 것 같다. 사실, 이런 문법을 위한 문법 문제는 미국 대학교 정규 문법 시간에도 찾아볼 수 없는 것이다. 그들은 문장의 구조를 시각화하는 훈련을 하면서 문장의 정확한 의미 파악하고 정확한 의사 표현의 도구로 문법을 익히고 있었다.

미국 학생들은 영어 문법을 '~적 용법'으로 배우지 않고 초등학교부터 문장 다이어그래밍(Sentence Diagramming)라는 방법으로 긴 문장의 구조를 쉽게 파악하도록 배운다. 문장 다이어그래밍은 문장 내 주어, 동사, 목적어, 수식어를 파악하고 이를 도식화하는 활동이다. 아래 사진은 미국에서 초등학교를 다닌 둘째의 4학년 영어 문법 노트다. 제법 긴 문장들의 다이어그래밍이 빼곡히 쓰여 있다.

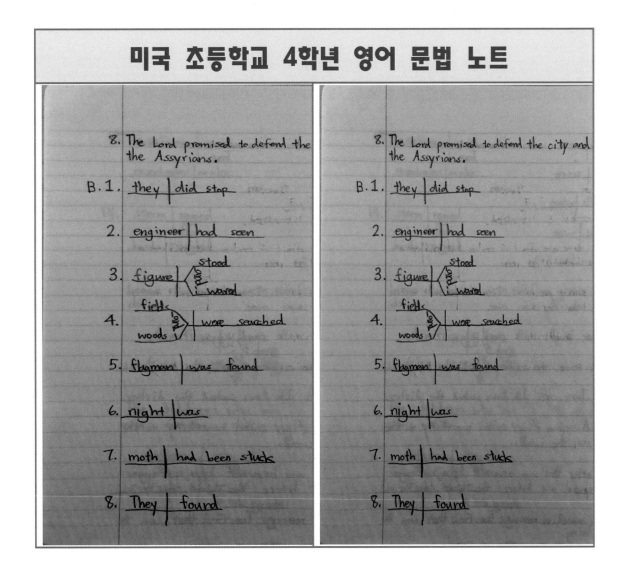

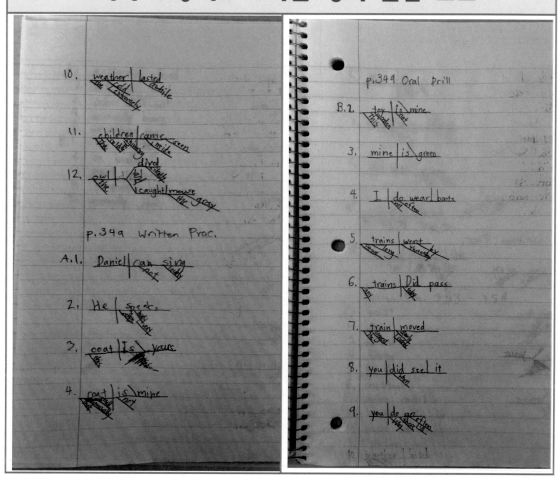

■ 달달 한국식 영문법 외워서 어디에 썼는고?

중 고등학교 시절 수도 없이 본 영문법 책 때문에 긴 장문 독해보다 영문법 문제가 오히려 쉽다. 미국 석사 시설, 전공 교수님조차 문장 성분에 대한 설명을 명쾌히 하지 못한 문제를 나와 일본인 친구가 설명을 해 준 일이 있었다. 나와 일본 그 친구는 문장의 성분 분석에 도가 트였다. 미국인 현지 대학생들은 문장 다이어그래밍에 대해 교수님으로부터 소위 말하는 나머지 공부를 일대일로 받기도 했고, 나와 일본인 친구가 개인 지도를 해 준 적도 있었다. 미국인 원어민 친구들에게 우리는 부러움의 대상이었다.

하지만, 난 그 친구들에게 "오히려 영어에 대한 직관이 있는 너희들이 부럽고, 너희는 규칙은 몰라도 유창하게 영어 문장을 말하니 얼마나 좋겠니?" 하고 말한 적이 있다. 겸손을 떨려고 한 말이 아니다. 영문법에는 도가 트일 정도로 훈련 받았지만 나머지 영역에는 소홀한 한국식 영어 교육의 맹점을 피부로 절실히 느꼈다. 원어민 미국 친구와 나는 서로를 이해하지 못한 채 그저 서로를 부러워할 뿐이었다.

달달 암기해서 얻은 한국식 영어 문법 지식이 도움이 된 적은 그때 딱 한 번뿐인 듯하다. 수능 영어에서도 TOEIC에서도 TOEFL에서도 그 지식은 별달리 소용이 없었다. 소용이 없는 법조문을 우리는 너무 외운 거였다. 그 시간에 통문장이라도 더 외우고 영어 원서 책을 더 읽었더라면 더 나았을 뻔했다. 최대한 많은 영어 문장과 글에 노출되는 것이 그 원어민들이 가지는 직관을 그나마 비슷하게 가지게 되는 지름길이다. 우리나라 아이들은 영어 문법을 달달 외우느라, 미처 그런 시간까지는 할애받지 못하고 있다. 30년 전이나 지금이나 여전하다. 참 가슴 아픈 일이다.

예전에 두 분의 영어 선생님과 동학년을 맡아 지도한 적이 있다. 그 중 한 분은 경력이 많으신 분이고 한 분은 이제 발령받은 새내기 선생님이었다. 두 분의 나이는 꽤 많이 차이가 났다. 하지만 두 분 모두 그런 법 조항처럼 영어 문법을 가르치시기를 희망하셨다. 아니 고집하셨다. 민원을 우려해서 동 학년의 모든 학반의 활동지를 통일시키기 위해 의논을 하던 중 서로 영어 문법에 대한 견해 차이가 상당히 있음을 알게 되었다. 우리는 매 단원 문법 활동지를 만들 때나 정기 고사 문제를 의논할 때 상당한 갈등을 겪었다. 한 해 동안 그 두 분과의 의견 차이는 결국 좁혀지지 않았다. 미국 유학을 갔다 온 사람이라 별스레 군다고 오해할지도 모른다. 그러나 한국식 문법에 불만이 생긴 진짜 이유는 나의 중학교 시절 영어 미아로서의 느낀 그 갑갑함 때문이다. 나는 문법을 법조항처럼 가르치는 한국식 영문법에 강한 거부감을 가지고 있다.

▌ 한국식 영문법을 거부하는 현직 영어교사

아이러니하게도 나는 중학교 현직 영어 교사이다. 그리고 내 주위의 동 교과 선생님 중에는 그런 한국식 영어 문법의 충실한 지킴이들이 많다. 초임의 교사이든, 중견 교사이든. 여러 세대를 아우르는 철저한 한국식 영어 문법의 카르텔에 그만 무기력함을 느낀다. 비록 작은 시작이지만, 이 책에 유학 시절 동안 얻게 된 문법에 관한 배움과 오랜 세월 영어를 공부하고 가르치면서 깨우친 세상 심플한 영문법을 정리할 것이다. 그리고 가능하다면 내가 한국에서 영어 교사가 되고, 미국 대학교 석사 박사를 취득하고, 영어 원어민 친구와 삶을 나누는 데 필요했던 영문법, 진짜 알맹이만을 쉽고 체계적으로 전하고 싶다. 한자로 된 문법 용어 없이도 충분히 가능한 일이다. 영어 문법 자체에 대해 부정하는 게 아니다. 영어 문법의 중요성은 여전히 주장하고 싶다. 하지만 기존의 한국식 영문법 교육은 이제 벗어나야 할 때다. 새로운 방향으로 영어 문법을 바라보아야 한다. 이 책에서 그 시도를 해보려 한다.

2장 그놈(?)의 영문법 때문에 영어를 못 한다?
-영문법 구멍어에서 그만 계셔도 됩니다-

■ 작은 모래 알갱이 같은 내 머릿속 침전물

누구나 역사 시험 벼락치기를 한 번쯤은 해봤을 것이다. 하지만 시험이 끝남과 동시에 암기한 그 세세한 내용들은 머리에서 순식간에 삭제되는 경험 역시 해봤을 것이다. 많은 시험을 치고 잊어버리고를 수없이 반복하고 나서 그나마 우리 머릿속에 남은 것은 한 두 개 있을 것이다. 나의 경우 그 과정을 거친 후 역사하면 떠올릴 수 있는 몇 안 되는 것들은 이런 것 들이 있다. 역사는 History라는 것, 역사는 어쩌면 남성들이 지배하던(?) 세상의 이런저런 이야기들의 묶음 이라는 것, 그리고 역사 속 많은 것들은 여전히 현재 우리의 삶에도 깊숙이 영향을 미치고 있다 는 것, 역사는 삶의 크고 작은 것들이지만, 거기에 대한 해석은 다양할 수 있다는 것 등과 같은 것들이다. 역사에 대한 지극히 상식적인 수준의 것들이지만, 망각의 강에서 소실되지 않고 내머 릿 속에 안전하게 남아 있는 것들이다. 양동이에 담긴 진흙탕 물은 점점 시간이 흐르면 작은 모 래 알갱이 같은 것들이 컵 바닥에 가라앉는다. 일련의 세세한 것들이 머릿속 정보 처리 과정을 지나고 나면 우리 머릿속 장기 기억 장치에 그 알갱이 같은 것들이 자리 잡게 된다.

수없이 많은 학교 영어 수업 시간 동안 우리는 그 깨알 같은 영문법을 배우고 잊어버리고 또 배우고 잊어버리기를 반복해왔다. 나에겐 그 세월이 자그마치 30년이 넘은 것 같다. 게다가 그 세월 동안 나는 학생들에게 영어를 가르치기까지 했으니, 내 머릿속에 영문법은 자다가도 벌떡 일어나면 줄줄 읊을 정도여야 마땅하다.

그러나 사실은 그렇지 않다. 그 세월을 동안 영어를 끼고 살았고, 원어민들이 사는 미국 본토 에서 5년간 영어 전공 석사, 박사 공부를 한 사람이지만 그 영어 문법 규칙을 줄줄 꿰고 있진 않다. 그럴 필요가 강력했다면, 아마도 잊지 않으려고 매일 같이 보고 또 보고 했을 것이다. 게 다가, 나의 본업은 결국 영어 교사이기까지 하니 말이다. 하지만, 실제는 그렇지 않았다. 그 한 국식 영어 문법 규칙은 절대 그렇게 줄줄 꿰고 있을 필요가 없다. 쓸모가 없는 그런 지식보다 뭐에 쓸지, 어디에 쓸지, 언제 쓸지 알도록 하는 것이 더 중요하다.

▌ 영문법에 대한 몇 가지의 알맹이 지식

내 머릿속에는 몇몇 가지의 문법에 대한 알맹이 지식만 남아 있다. 그 망각의 강을 건너 여전히 내 머릿속에 다행히 살아있는 몇 놈의 생존자들은 어쩌면 나의 영어 공부에 가장 필수 아이템일 것이다. 그 생존자들은 내가 영어로 의사소통을 가능하게 만든 녀석들임에 틀림이 없다. 가만히 생각해 보면, 아인슈타인이 말한 대로 '학교에서 배운 것을 다 잊어버리고 그 이후에 내 안에 남아 있는 그것이 바로 진정한 교육'이라고 한 그 말에 절로 공감이 된다.

"Education is what remains after one has forgotten what one has learned in school."
교육은 우리가 학교에서 배운 것을 망각한 이후에도 여전히 우리 안에 남아 있는 것이다.
- Albert Einstein-

우리는 그런 세세한 한국식 영어 문법의 늪에서 헤어 나오지 못하고 있다.

▌ 한국식 영문법 늪에서 이젠 그만 나올 때

일반적으로 한국어가 모국어인 우리는 우리말에 대한 문법적 지식은 거의 제로일 지도 모른다. 그래도 우리는 한국어를 잘 구사한다. 영어는 어떠한가? 우리는 수많은 영어 문법 규칙을 알고 있다. 어쩌면 우리말에 대한 문법 규칙보다 더 자세히 체계적으로 영어 문법 규칙에 대한 지식을 가지고 있을 것이다. 그렇다면 과연 우리 중 몇 명이나 영어로 자신 있게 생각이나 의견 등을 표현할 수 있을까? 우리는 문법을 몰라서 말이나 글을 못 쓰는 게 절대 아니다. 우리는 그런 세세한 문법 구덩이에서 헤어 나오지 못하고 있기 때문이다. 그 구덩이에서 나오려고 하면 우리의 영어 시험 점수가 우리를 다시 그 구덩이로 밀어 넣는다. 다시 그 구덩이로 들어가서 영어 문법을 더 공부하고 오라고 말이다. 우리는 어쩌면 평생 그 안에 갇혀 있다가 끝날지도 모른다. 내가 말하고자 하는 바를 영어로 표현하지 못하고 결국 영어 공부를 포기할지도 모른다.

문법적 오류가 있는 문장이라도 자기 생각을 멋지게 잘 표현하는 사람들이 세상에 널려 있다. 이제 우리나라 영어 학습자들도 '~적 용법'과 한자 용어로 가득한 한국식 영문법 늪에서 용감하게 빠져나왔으면 한다. 영어 문장 핵심 원리, 알맹이 규칙만 가지고도 우리는 충분히 반짝이는 우리의 생각, 의견, 감정을 영어로 소통할 수 있을 것이다.

그놈의(?) 영문법 아니고 영문법은 내 편
- 영문법은 내 편의를 위해 쓸 툴박스-

▌생각을 직선으로 풀어낼 때

몇십 년 영어쟁이로 살면서 내 머릿속에 남은 문법이 뭔가 곰곰이 생각 해봤다. 아주 심플하게 들리겠지만 문법은 한마디로 내 말을 상대가 오해하지 않게 하기 위한 최소한의 방책이다. 외국어로서 영어를 학습하는 나로서는 별의 별수를 다 써도, 원어민 같은 완벽한 영어는 구사하지 못한다. 그런 평생 학습자이지만, 오랜 영어 학습 덕분에 영어 문법에 대해 깨우친 것들이 몇 가지 있다.

1. 영어는 언어이고, 언어는 엉클어진 생각을 직선 형태의 선상에 늘어놓는 것이다.

> Q. 왜 직선 형태로 굳이 만들어야 할까?
> A. 엉클어진 생각을 그대로 뱉으면 너무 뒤죽박죽 될 테니까.

각자의 뇌를 스캔한다 한들, 아무리 AI가 우리의 모든 것을 대신한다 한들, 내 머릿속의 모든 생각까지 저절로 남에게 이해시키지는 못한다. 물론 현재 내가 아는 바로는 그렇다. 혹여 말이 아닌 그림으로 각자의 생각을 표현하여 모종의 추상화를 그려냈다고 하자. 하나의 추상화를 보면서 우리는 다들 각양각색의 해석을 내놓을 것이다.

우리는 엉클어진 각자의 생각을 헝클어진 채로 내뱉지 말고 먼저 직선으로 정리해야 한다. 그리고 상대와 약속한 코드에 입각한 직선 그림을 그려야 한다. 그래야 우리는 같은 언어권의 사람들과 생각 나누기 활동을 할 수 있게 된다. 언어는 언제나 직선이고 그 안에 규칙을 사용해서 표현한 직선 그림이다. 우리는 그 직선의 문장을 보면서 똑같은 의미를 전달받는다. 아주 입체적이고 복잡다단한 생각, 마치 실타래가 엉켜있는 것만큼 헝클어진 그 무형의 생각을 우리는 직선이라는 아주 극히 제한적인 형태로 전달한다. 극히 제한적이지만 생각을 명료하게 전하는 데는 최고인 셈이다.

2. 그놈의 영문법이 아니라, 영문법은 내 편이다. 나에게 유용한 도구이다.

Q. 왜 영문법은 유용한 도구일까?

A. 서로 약속된 그 공통의 암호를 사용하면, 척하고 쉽게 알아듣게 되니까.

문법은 애초에 우리의 입을 막는 어떤 제약이 아니다. '앗 내가 방금 과거 이야기 인데 '-ed'라는 걸 빼 먹었네. 아이쿠! 내 입은 언제 내 생각을 똑바로 정확히 전달하려나' 하며 죄책감을 느끼게 하고, 우리를 구속하려고 만든 것이 절대 아니다. 문법은 오히려, 우리의 복잡다단한 생각을 표현할 때 쓰라고 주어지는 최소한의 도구이다. 그리고 그 도구는 다행히 같은 언어를 쓰는 사람들 사이에는 척 알아먹도록 서로 간에 한 약속과 같은 거다. 어제 한 일을 말할 때, '~ed'를 쓰기로 약속한 것이다. 그런 약속을 어기고 혼자 마음대로 동사에 '~ex'를 붙인다면 아무도 그 뜻을 제대로 알아듣지 못할 것이다. 생각을 직선으로 풀어낼 때, 약속한 그 코드를 최대한 활용하면 더 효과적인 전달이 가능하다. 결국 영문법은 내 편의를 위한 유용한 도구인 셈이다.

4장 망각의 강을 지나 살아남은 자들
-평생 영어쟁이 머릿속에 남은 문법 규칙-

▌생각을 영어 문장으로 변환할 때 기억해야 할 것들

1. 한 문장에는 꼭 주어, 동사는 하나씩 와야 한다.

모든 문장은 '누가 무엇을 하다' 또는 '누가 무엇이다'라는 뼈대를 가진다.

      Subject .... Verb ....

   (주어: 누가)   (동사: ~이다/~하다)

> Q. 왜 각 문장에는 주어와 동사가 와야 할까?
>
> A. 그래야 시간 효율이 높은 대화가 될 테니까.

다음 두 대화 중 어느 것이 정보 전달을 위해 효율적일까?

(상황1) A: Went to Seoul.

         B: Who went to Seoul?

         A: Tommy went to Seoul.

'누가' 라는 정보를 애초에 하지 않아서 듣는 사람이 빠진 정보에 대해 질문을 하게 함.

(상황2) A: Tommy went to Seoul.

'누가' 그 행동을 했는지에 대한 정보까지 넣어 하나의 문장으로 정보를 모두 전달함. 당연히, 상황2가 훨씬 효율적이다.

상황1에서는 상대로부터 추가 질문을 받고서야 비로소 전체 메시지가 전달된다. 하지만 상황2에서는 바로 주어(누가에 대한 정보)와 동사(뭐를 했는지)까지 말했기 때문에 시간적 효율이 더 높은 대화가 된다. 그래서 우리는 하나의 문장 단위 안에 반드시 주어 하나, 동사 하나를 넣어서 말하기로 한 것이다.

2. 메세지를 문장 단위로 끊어서 전해야 한다. 마침표는 문장의 끝을 나타낸다.

  S(주어) 한 개..... V(동사) 한 개.....(마침표)/
  S(주어) 한 개..... V(동사) 한 개.....(마침표)/

> Q. 왜 그럴까?
> A. 한 번에 하나씩 줘야 정리가 쉬우니까. 한 번에 한 문장 단위로 생각을 뱉어내야, 쉽게
>   정리될 테니까.

할 말을 한꺼번에 주루룩 해 버리면 듣는 사람은 정신을 차릴 수 없는 건 당연하다. 우리는 점을 찍어 핵심 사항을 리스트로 만들어 노트 정리하듯, 우리의 생각도 마침점을 찍으며 생각을 마디로 끊어가면서 전달한다.

3. 두 문장이 밀접한 관계가 있을 땐, 딱풀(접속사)로 붙이면 더 좋다.

 S(주어) .... V(동사) ... 딱풀(접속사) S(주어) .....V(동사) .....(마침표)
(예문) I opened the window **because** it was very hot.

> Q. 왜 그럴까?
> A. 복잡한 생각들을 짧은 직선으로 그리다 보면 조각, 조각이 너무 많아진다. 우리 뇌는 낱개로
>   존재하는 데이터를 묶음 처리하거나 압축해서 낱개 데이터를 최소화하고 싶어 한다. 관련
>   있는 조각을 묶어서 말해주면 듣는 사람이 더 편하게 메시지를 처리하게 된다.

누군가가 쇼핑 리스트를 그냥 쭉 말해주고 사오라고 하면, 과연 우리는 몇 개나 기억하고 사올 수 있을까? 그런데, 그 리스트를 과일끼리, 야채끼리 분류해서 말해주면 더 많이 기억해서 사 올 것이다. 우리 뇌는 관련 짓기를 좋아한다. 말하는 사람이 미리 관련 있는 두 문장을 하나의 묶음으로 전해주면, 듣는 사람이 정보 처리하는 데 부담이 훨씬 적어진다. 그래서 우리는 관련 있는 두 문장은 관련성에 따라 알맞은 딱풀(접속사: because, after, when 등)을 사용해서 붙인다.

4. 각 문장의 주인공인 주어, 동사를 방해해서는 안 된다.
동사와 비슷하게 생긴 말들은 형태를 바꿔서 주인공 동사의 앞길에 방해되지 않게 해야 한다.

(예문) Joe washed cars to make money.

        주어(누가)? Joe / 동사 (뭘 했다)? washed
 make (벌다)는 동사(주인공)가 아니니, 다른 옷을 입어야 한다. 여기선 to make라는 옷으로 바꿔 입었다. 조연들의 형태변형은 다음 글에서 더 설명하려 한다.

> Q. 왜 조연들은 옷을 바꿔 입어야 할까?
> A. 주어, 동사가 제일 중요한 정보니까, 조연은 눈에 덜 띄어야 하니까.

주인공(주어, 동사)은 주인공 옷을 입혀야 한다. 비슷하게 생긴 조연들(준동사, verbals)은 주인공 옷 말고 다른 옷으로 바꿔 입어야 한다. 그래야 주인공이 한 눈에 딱 표시가 날 수 있기 때문이다.

▌ 영어 문법에 관한 생각 정리

- 영어는 언어다.
- 언어는 엉클어진 생각을 직선 형태의 선상에 늘어놓는 것이다.
- 문법이라는 규칙은 말하는 사람과 듣는 사람 사이에 공유된 암호다.
- 시간 효율이 높은 전달을 하려면, 아래 몇 가지 팁을 따르면 더 좋다.

> ✎ 문장이라는 마디로 끊어서 전달하기
> ✎ 각 문장마다 핵심 정보인 주어(누가)와 동사(~이다, ~하다)를 하나씩 만 넣기
> ✎ 각 문장의 주인공, '주어(누가)와 동사 (~이다, ~하다)'는 주인공으로 대우하기
> ✎ 나머지 비슷한 말들은 모양을 바꾸어서 주인공을 방해하지 않게 하기
> ✎ 두 문장(마디)이 관련이 있으면, 접속사(딱풀)로 붙이기

자신의 생각을 남에게 효과적으로 전하고 싶은 사람이라면 이 규칙을 따르는 게 좋다. 그런데 따르지 않아도 된다. 다만 전달에 시간과 에너지가 더 들 뿐이다.

그럼, 이제 효율적인 생각 전달을 위해 필요한 딱 두 가지 기술 1) '주인공을 주인공으로 모시기' 기술과 2) '조연들의 형태 변형술'에 대한 이야기를 할 준비가 된 것 같다. 이제 다음 글에서 본격적으로 그 두 가지 기술에 대해 이야기를 나눠 볼까 한다.

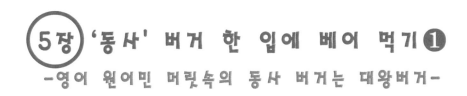

5장 '동사' 버거 한 입에 베어 먹기 ❶
-영어 원어민 머릿속의 동사 버거는 대왕버거-

▌문장의 주인공: 동사

모든 생각은 '~가~하다' '~가 ~이다'의 문장으로 정리된다. 즉, 생각의 핵심은 주어와 동사로 이루어져 있다. 그 주어와 동사는 문장의 주인공이다.

S	V.......	(마침표)
Subject (주어)	Verb (동사)	
누가	~하다/~이다	

이 두 주인공 중에서 영어를 배우는 우리에게 부담을 주는 건 바로 동사다. 그 한 단어(동사)에 장장 4가지의 정보가 압축파일처럼 포개져 있기 때문이다. 마치 햄버거에 여러 재료의 층이 있는 것처럼 말이다.

▌동사: 4가지 정보의 압축파일

1) 동사 자체의 행동(base) : 행위 그 자체
2) 언제 (tense)   : 과거/현재/미래
3) 양상(aspect)   : 특정 기간 동안 쭈욱 / 순간 진행 중
4) 가함/당함 (voice)   : 가함/ 당함

이번 글에서는 동사를 주인공으로 모시는 방법에 대해 알아보려 한다. 동사는 문장의 주인공으로 다음의 4가지 정보를 다 품어야 하는 임무를 가지고 있다.

'Subway'라는 햄버거 가게에 가면 우리는 각 종류별 (카테고리 별) 재료를 선택하도록 되어 있다. 다소 귀찮기는 하지만, 우리는 고기패티로 닭고기/소고기/새우 중에서 고른다. 그리고 야채류에서 본인이 먹고 싶은 재료를 고른다. 동사도 마찬가지이다. 각층별 세분화된 선택 옵션이 있다.

▌'개한테 물리고 있던 중이야?'를 영어로 말해보라고?!!

예를 들어, '어제 네가 나에게 전화했을 때, 나는 개한테 물리고 있던 중이었어.'라는 문장이 있다고 하자. '내가 개한테 물리고 있던 중 이었어'라는 문장에서 주인공은 내가(주어), 물리고 있던 중 이었어 (동사)이다.

특히 동사 파트를 우리말로 번역하면 '물리고 있던 중 이었어'라 할 수 있다. 참 어색하게 들리기 짝이 없다. 하지만, 원어의 뉘앙스를 살리며 더 낫게 번역할 방법이 딱히 없다. 또 여기에서 사용되는 영어 동사 모양이 우리에겐 충격적이다.

위 상황을 묘사하기 위해 적절한 동사 모양을 갖추기 위해 아래 세 가지 층에 있는 질문에 답을 먼저 체크 해보면 아래처럼 노란색 부분으로 표시된 항목이 될 것이다.

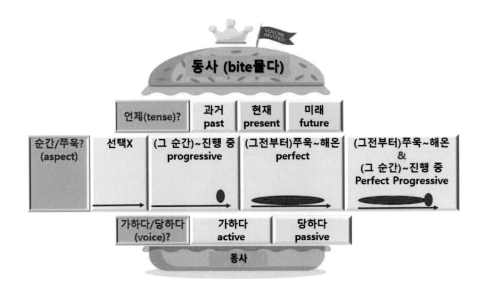

동사? 물다

언제? 과거

순간/쭈욱? (네가 전화한 그 순간) ~진행 중

가하다/당하다? 당하다

위의 예문에 적용하면 이렇게 된다.

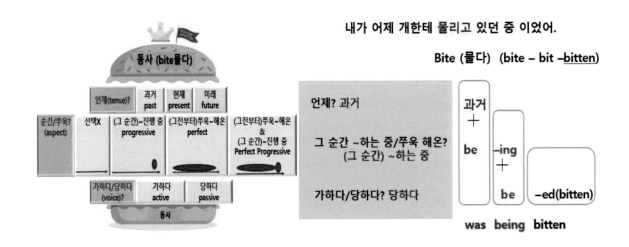

I was being bitten by a dog.

동사 'bite'는 ❶'물다'라는 행동, ❷'과거'라는 시간 정보, ❸'진행' 중이라는 행동의 양상, ❹'당하고 있는 입장'을 다 한꺼번에 압축해야 한다. 그래서 마치 햄버거를 한 입 베어 먹을 때 모든 층의 속 재료를 다 베어 물 듯이 동사도 그래야 한다. 그렇지 않으면 듣는 사람이 다시 부족한 부분에 대해 질문을 해 오는 번거로움이 생길 것이다.

▌ 4가지 재료 다 넣은 햄버거 꾹 눌어 한 입에 앙~!

'내가 개한테 물리던 중 이었어'는 시간(과거) + 진행인 양상(be-ing) + 피해자 입장 (be - ed)의 순으로 놓고, 서로 체인 엮듯이 엮어서 압축시키면 'was being bitten'이라는 형태가 나온다. 그래서 '내가 개한테 물리고 있던 중이었어'라는 문장에서 동사인 '물리고 있던 중이었어'는 'wa being bitten'이 되는 것이다.

요점을 정리하자면, 한 문장의 동사는 행동에 대한 4가지 정보(❶행동 자체, ❷시간, ❸양상, ❹가하다/당하다)를 멋지게 잘 품어서 압축해야 한다. 마치 햄버거에 4가지 층의 속 재료를 다 넣어 꾹 눌러 한 입 멋지게 베어 먹듯이 말이다.

▌ 햄버거 잘 베어 먹는 법

그럼 이제 우리는 이 엄청난 두께의 햄버거를 어떻게 매번 쉽게 베어 먹을 수 있을까?

Step 1. 상황을 떠올린다.

Step 2. 햄버거 이미지를 떠올려 해당 동사를 적용시킨다.

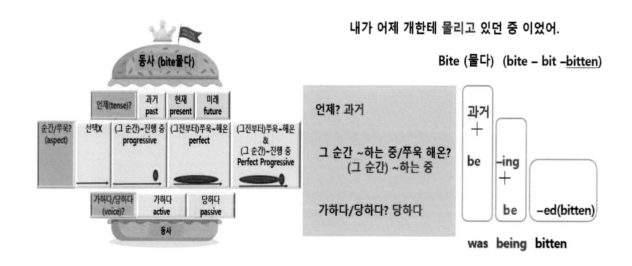

I was being bitten by a dog.

Step 3. 입으로 'I was being bitten by a dog'를 반복해서 자동화 시킨다. (제일 중요!!!!)

Step 4. 자동화에 실패하면, 다시 Step 3로 가서 또 소리 내어 반복 연습한다.

[I was being bitten by a dog.] 리듬 넣어 외우기

▌ 영어 문법은 머리 말고 입으로.

여기서, 제일 중요한 단계는 Step 3이다. 우리가 문법 때문에 영어를 못한다고 하는 대부분의 사람은 이 자동화 단계를 하지 않기 때문이다. 영어의 미아였던 내가 미국 유학을 가고, ESL 강사를 하고, 영어로 한국어를 가르칠 수 있게 된 것은 바로 이 자동화의 단계를 부지런히 했기 때문이라 자신있게 말할 수 있다. 영어 공부는 지능도 필요 없다. 그저 미련스럽게 입으로 무한 반복하면 된다. 그리고 해당 상황이 눈 앞에 펼쳐질 때마다 외운 표현을 입 밖으로 실제 사용하면 이제 자신의 것이 된다. 그 말을 내뱉어야 할 상황이 닥쳤을 때서야 동사를 만들어 내려 하면 그 찰나와 같은 순간은 어느덧 저 멀리 떠나가 버리고 말게 될 것이다. 그래서 영어 문법은 머릿속으로 한 번 이해하고, 햄버거 그림을 각인한 후 입으로 그 패턴을 반복해서 자동화시키는 것이 가장 성공적인 공부법이다.

6장 '동사' 버거 한 입에 베어 먹기 ❷
- 동사 베어 먹기 심화 과정-

▌이전 글(5장) 요점 정리

동사는 4가지 정보의 압축파일이다.

각 층별 세분화 된 선택 옵션이 있다.

▮그럼, '5분간 개한테 물려있는 중이야.'는 영어로 어떻게 할까?

위 상황은 각층별 세부 메뉴에서 노란색 부분에 해당할 것이다.

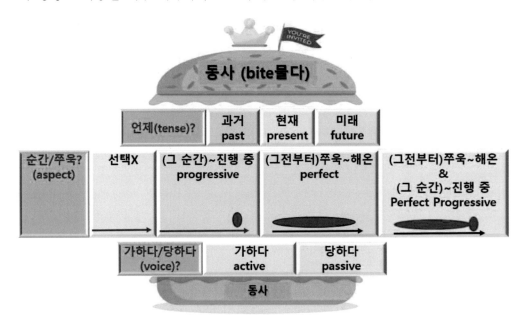

1) 동사 자체의 행동(base) : bite

2) 언제 (tense): 현재

3) 양상 (aspect): 쭈욱 + 지금도 진행중

4) 가함/당함 (voice): 당함

위의 예문에 적용하면 이렇게 된다.

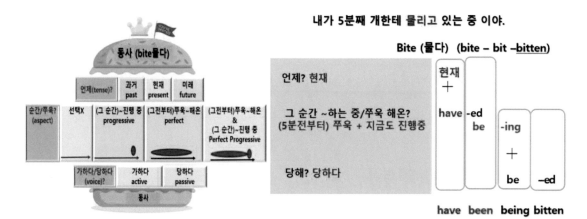

I have been being bitten by a dog for 5 minutes.

동사 'bite'는 ❶'물다'라는 행동, ❷'현재'라는 시간 정보, ❸'쭈욱 + 진행 중'이라는 두 가지 행동의 양상, ❹'당하고 있는 입장'을 다 한꺼번에 압축해야 한다. 마치 햄버거를 한 입 베어 먹을 때처럼 모든 층의 속 재료를 다 베어 물어야 한다.

▌4가지 재료 다 넣은 햄버거 꾹 눌어 한 입 양~!

'5분간 개한테 물려있는 중이야.'는 시간(현재) + '쭈욱 과 진행' 둘 다인 양상(have -ed & be-ing) + 피해자 입장 (be -ed)의 순으로 놓고, 서로 체인 엮듯이 엮어서 압축시키면 'have been being bitten'이라는 형태가 나온다. 그래서 '5분간 개한테 물려있는 중이야'라는 문장에서 동사인 '5분간 개한테 물려있는 중이야'는 'have been being bitten'이 되는 것이다.

▌햄버거 잘 베어 먹는 법 : 입으로 무한 반복~

"I have been being bitten by a dog." 이 부분만 소리 내어 반복하면 된다.

[I have been being bitten by a dog.] 리듬 넣어 외우기

다음 장에서 이 주인공 동사를 빛나게 하기 위한 조연들 (동사 출신의 말들; Verbals; 준동사)의 변형술에 대해 이야기를 나눌 것이다.

7장 준동사(Verbals)가 품지 못한 시간 ❶
-동사를 위해 시간을 양보할게-

▌이전 글 (5장, 6장) 요점 정리

모든 문장은 주어 와 동사로 생각을 전달한다. 그 주어 와 동사는 문장의 주인공이다.

S......	V....... (마침표)
Subject (주어)	Verb (동사)
누가~	하다/~이다

동사는 4가지 정보의 압축파일이다:

❶ 동사 행동 그 자체 (base)

❷ 시간 (tense)

❸ 행동 양상(aspect)

❹ 가해/피해 (voice)

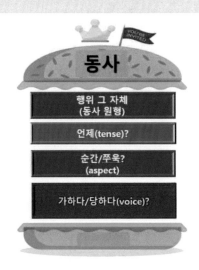

▌효율적 의사전달의 제일 중요한 약속!

한 문장에 주어 하나, 동사 하나!!

각 문장에는 주어 하나, 동사 하나씩만 반드시 써야 한다는 규칙은 단순히 의사전달의 효율을 위해 약속한 일이다. 그러나 많은 영어 학습자들은 이 말을 오해하며 다음과 같은 질문을 한다.

- 그럼, 문장에 행동을 나타내는 말 즉, 동사 같이 생긴 거는 딱 한 개만 써야 하나요?
- 그럼 복잡한 사건을 설명할 때 아래처럼 동사를 여러 개 말해야 하는 데 그럼 어떻게 해요?

우리가 내뱉는 문장에는 늘 행동을 나타내는 말이 여러 개 들어간다.

S......행동을 나타내는 말.......행동을 나타내는 말........마침표

Subject (주어)...... Verb (동사)..... Verb (동사)...... .

누가 ...... ~하다/~이다 ...... ~하다/~이다..... .

예를 들어, 아래 메시지를 영어로 옮기려고 하면, 어떻게 해야 할까?

(예) 내가 끝냈어 (finish) 개 산책 시키는 걸(walk).

한 문장에 행위를 나타내는 말로 두 개(finish, walk)가 필요한데, 이 일을 어떻게 해요?

곤란해할 필요 없다. 행위를 나타내는 말을 필요한 대로 문장에 다 넣어도 된다. 다만 시간의 정보(과거 -ed / 현재 -es / 미래 will)는 메인이 되는 동사만 품게 하면 된다. 우리말로 문장을 번역해 봤을 때 맨 마지막에 오는 동사가 메인 동사가 되는데 그 동사에 시간의 정보를 품게 하면 된다.

(예) 나는 개 산책 시키는 걸 **끝냈어**.

맨 끝에 오는 '끝냈어'라는 동사만 주인공 동사로 시간의 정보를 품도록 하면 된다.

Q. 그런데, 왜 한 문장에 시간의 정보(tense)를 메인 동사 하나만 품도록 해야 할까?

A. 마치 만화의 한 컷에 한 이벤트가 묘사되는 것과 같다. 만화 속 한 컷은 한 시간 대에 일어나는 것이다. 문장도 마찬가지이다. 특정 시간에 대한 정보를 동사 하나가 대표로 전달 한다. 같은 문장에 쓰이는 동사 비슷한 것들(verbals)까지 같은 시간의 정보를 반복해서 전할 필요는 없다. 인간의 언어는 반복을 싫어하고 고효율의 압축을 좋아한다.

▌동사 (verbs)와 준동사(verbals) 구별법: 시간의 정보 (tense) 있나? 없나?

1. 동사 (Verbs) :시간의 정보 (tense)를 품고 있는 큰 햄버거

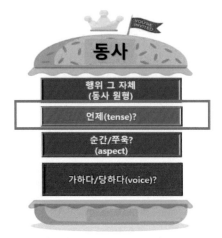

2. 준동사(동사 비슷한 것들 Verbals): 시간(tense) 정보를 뺀 작은 햄버거

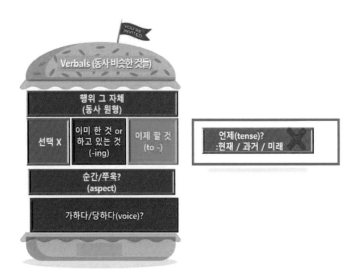

▌'나는 개 산책시키는 걸 끝냈어'를 영어로?

예를 들어, '나는 개 산책시키는 걸 끝냈어'라는 문장이 있다고 하자. 이 문장에서 주인공은 '내가(주어)', '끝냈어 (동사)'이다.

여기에서 행동을 나타내는 말은 두 개가 있다.

- 끝내다 (finish): 문장 전체의 주인공 – 주인공 동사(Verb)
- 산책시키다 (walk) : 부수적 정보를 전하는 조연 –준동사(Verbal)

동사(verb)는 시간의 정보를 품어야 하고, 준동사(verbal)는 시간의 정보를 품어선 안 된다. 위의 예문에 적용하면 노란 체크 표시가 된 부분을 가져다가 형태를 조합하면 된다.

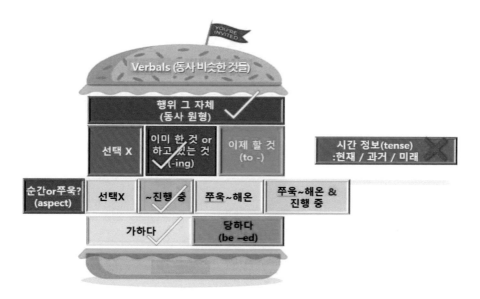

▌ 4가지 재료 다 넣은 햄버거 꾹 눌어 한 입 앙~!

'나는 개 산책시키는 걸 끝냈어'는 동사 원래 '기본 형태 + 이미 하던 행동 (–ing) + 진행 중 +가하다' 의 순으로 놓고, 꾹 눌러 압축시키면 'walking'이라는 형태가 나온다. 그래서 '나는 개 산책시키는 걸 끝냈어'라는 문장은 'I finished walking a dog.'이 된다.

　요점을 정리하자면, 한 문장의 준동사(verbals)은 행동에 대한 4가지 정보(❶행동 자체, ❷이미 일어 난 것인지 여부, ❸ 양상, ❹ 가하다/당하다)를 멋지게 잘 품어서 압축해야 한다. 동사 버거를 멋지게 베어먹었듯이 이 역시 꾹 눌러 한 입 멋지게 베어 먹으면 효율적인 생각 전달을 하게 된다.

▍ Verbals 베어 물 때 유의할 점 : -ing 할지 to- 할지 꼭 생각하기!

그럼 이제 verbals 버거 먹을 때 유의점을 알아보자.

Step 1. 상황을 떠올린다.

Step 2. 주인공 동사(우리말 해석의 마지막에 오는 말: 끝냈어)를 기준으로 나머지 행동들은 이미 일어난 행동인지 아닌지 판단한다.

'나는 개 산책 시키는 걸 끝냈어' 라는 예문을 생각해 보자.

'끝냈어'를 기준으로 '개 산책시키는 행동'은 이미 일어난 행동이므로 '-ing'를 붙여서 동사 충돌을 막는다.

Step 3. 'I finished walking a dog'를 반복 읽기로 자동화시킨다.

Step 4. 자동화에 실패하면, 다시 Step 3으로 가서 소리 내어 반복한다.

▍ verbals 중 특히 -ing 가 붙는 문장 중 자주 쓰이는 것은 통째 익히기

이제 남은 것은 자주 쓰는 표현을 입으로 반복해서 자동화시키는 것이다.

Suddenly we stopped talking.

갑자기 우리는 대화를 멈췄다.

I have given up losing weight.

나는 살 빼는 걸 포기했다.

Sorry to keep you waiting so long.

기다리게 해서 미안해.

He tried to avoid answering my question.

그는 내 질문에 답하는 걸 피하려 했다.

8장 준동사(Verbals)가 품지 못한 시간❷
-어제 할 일은 'doing list'가 아닌 'to do list'-

▌이전 글 (7장) 요점 정리

【영어 문장의 대원칙 : 한 문장에 주어 하나, 동사 하나만!!】

우리가 내뱉는 문장에는 늘 행동을 나타내는 말이 여러 개 들어간다.

S......행동을 나타내는 말.......행동을 나타내는 말........마침표

Subject (주어)...... Verb (동사).....   Verb (동사)...... .

누가   ......   ~하다/~이다 ......   ~하다/~이다..... .

  내가 끝냈어 (finish)개 산책시키는 걸(walk).

> Q. 그럼 이 일을 어쩌나? 문장에 행위를 나타내는 말이 두 개나 필요한데. 다른 동사들을
>   없애야 하나요?
>
> A. 아니. 행위를 나타내는 말(동사)을 없애지 않아도 된다. 다만 시간의 정보 (과거 -ed /
>   현재 -es / 미래 will)는 메인이 되는 동사만 품게 해야 한다. 대체로 우리말로 번역할 때
>   맨 마지막에 오는 동사가 그 메인 동사가 된다.

나는 개 산책 시키는 걸 **끝냈어**.

맨 끝에 오는 '끝냈어'라는 동사만 주인공 동사로 시간의 정보를 품도록 하면 된다.

> Q. 그런데, 왜 한 문장에 시간의 정보(tense) 메인 동사 하나만 품도록 할까?
>
> A. 마치 만화의 한 컷처럼, 우리의 생각 전달체계는 한 번에 하나씩이다. 만화의 한 컷에
>   한 이벤트가 묘사되는 것과 같다. 만화 속 한 컷은 한 시간대에 일어나는 것을 그린다.
>   문장도 마찬가지이다. 그래서 특정 시간에 대한 정보를 동사 하나가 대표로 전한다.
>   같은 문장에 쓰인 다른 준동사(verbals)이 계속 시간의 정보를 말할 필요가 없다.
>   효율을 높여야 한다. 반복을 없애야 하기 때문이다.

▌동사(verb) 와 준동사(verbals)의 구별 법

1. 동사 (Verb) :시간의 정보(tense)를 품고 있는 큰 햄버거

2. 준동사(Verbals): 시간의 정보(tense)를 뺀 작은 햄버거

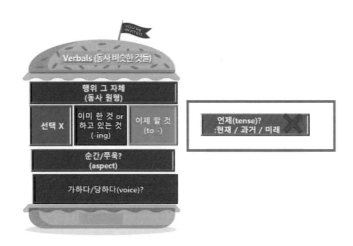

▌잠깐! 오늘의 핵심 Verbals 세 가지 메뉴 각각 맛보기

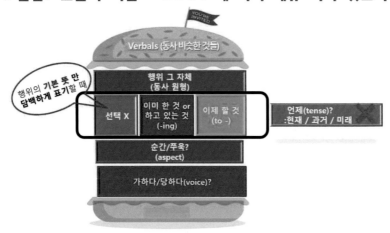

❶ -ing (동사원형ing) : 이미 한 것이나 지금 하고 있는 행위를 담음

❷ to- (to 동사원형) : 이제 할 행위를 담음

❸ 선택 X (동사원형) : 행위 그 자체 기본 뜻만 담백하게 담음

▮❶ -ing : 이미 한 것이나 지금 하고 있는 행위를 담음

예를 들어, '나는 개 산책시키는 걸 끝냈어'라는 문장이 있다고 하자.

이 문장에서 주인공은 '내가(주어)', '끝냈어 (동사)'이다.

여기에서 행위를 나타내는 말은 두 개가 있다.

• 끝내다 (finish): 문장 전체의 뼈대가 되는 주인공−주인공 동사(Verb)

• 산책시키다 (walk) : 문장 내 부수적 정보를 전하는 조연 − 동사 비슷한 것 (Verbal)

위 예문의 상황은 노란 체크 표시가 된 부분에 해당하므로 각각의 세부 형태를 조합하면 된다.

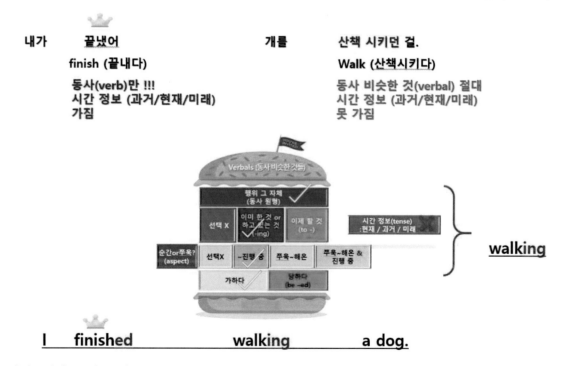

'끝냈어'(메인 동사/주인공)를 기준으로 '개 산책시키는 행동'은 이미 일어난 행동이므로 -ing를 붙여서 동사 충돌을 막는다.

' finish'라는
행동있기전에
<u>이미 일어남</u>
<u>-ing 붙이기</u>

주인공 동사

** 추가 정보:전치사(on, in, at, of 같은 말) 다음엔 to 말고 -ing 쓰기

Q. 왜요?

A. 예를 들어, 아래 두 문장 중 어느 것이 직감적으로 더 좋아 보일까?

  <예문1>I am interested in playing tennis. (0)

  <예문2>I am interested in to play tennis. (x)

  <예문2> 처럼 in(전치사) 다음에 또 전치사인 to를 쓰면, 전치사, 전치사 연달아 오는 사태가 발생한다.
  그래서 전치사 다음에는 늘 -ing가 온다는 건 영어가 모국어가 아닌 우리도 쉽게 납득할 것 같다.

▌ verbals 중 특히 -ing 가 붙는 자주 쓰이는 문장 통째 익히기

아래 예문에서 'to-'가 아니라 '-ing'라는 verbals를 쓴 이유는 메인 동사를 기준으로 이미 한 행동이거나, 하고 는 행동이기 때문이다. 이해가 되었으면 이제 소리 내어 문장을 반복해서 읽어보자.

Suddenly we stopped talking.
갑자기 우리는 대화를 멈췄다.
I have given up losing weight.
나는 살 빼는 걸 포기했다.
Sorry to keep you waiting so long.
기다리게 해서 미안해.
I enjoy swimming in the ocean.
나는 바다에서 수영하는 것을 즐겨.

I suggested going for a walk in the park.
나는 공원에서 산책할 것을 제안했다.
Do you mind passing me the salt?
나한테 소금 좀 건네줄래?
He tried to avoid answering my question.
그는 내 질문에 답하는 걸 피하려 했다.
She is interested in starting her own business.
그녀는 자신의 사업을 시작하는 데 관심이 있다.

(참고) enjoy, suggest, avoid, mind 뒤에 오는 행동들은 이미 해봤던 행동이라 '즐길 수도, 제의할 수도, 회피할 수도, 싫어할 수도 있다'고 생각하면 왜 뒤에 -ing를 쓰는 지 더 이해가 될 듯 하다.

❷ to- : 이제 할 행위를 담음

예를 들어, '내가 결심했어 개를 산책시키기로 매일'라는 문장이 있다고 하자. 이 문장에서 주인공은 '내가(주어)', '결심했어 (동사)'이다. 여기에서 행동을 나타내는 말은 두 개가 있다.

• 결심하다 (decide) : 문장 전체의 뼈대가 되는 주인공-주인공 동사(Verb)
• 산책시키다 (walk) : 문장 내 부수적 정보를 전하는 조연 – 동사 비슷한 것 (Verbals)

위의 예문에 적용하면 노란 체크 표시가 된 부분을 가져다가 형태를 조합하면 된다.

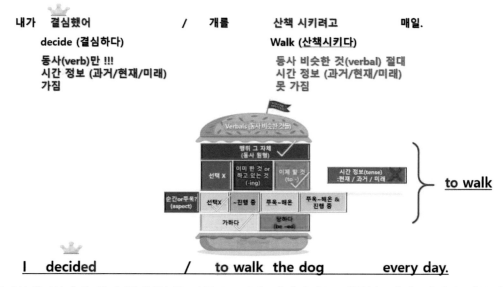

'결심했어'(메인 동사/주인공)를 기준으로 '개 산책시키는 행동'은 이제 일어날 행동이므로 –to를 붙여서 동사 충돌을 막는다.

▮ verbal 중 to- 가 붙는 문장 통째 익히기

아래 예문에서 '-ing'가 아니라 'to-'라는 verbal을 쓴 이유는 메인 동사를 기준으로 이제 할 행동이기 때문이다. 이제 남은 것은 문장 통째 반복 읽기이다.

I agreed to help him.
나는 그를 도와주기로 동의했다.
I promised not to be late.
나는 안 늦을 것을 맹세했다.
We decided to take a taxi home.
우리는 집까지 택시 타기로 결정했다.
They can't afford to buy a house.
그들은 집을 살 형편이 못 된다.

[I promise not to be late.] 리듬넣어 외우기

❸ 선택 X : 행위 그 자체 기본 뜻만 담백하게 담음

예를 들어, '내가 시켰어 그에게 개를 산책시키라고 매일'이라는 문장이 있다고 하자. 이 문장에서 주인공은 '내가(주어)', '시켰어 (동사)'이다. 여기에서 행동을 나타내는 말은 두 개가 있다.

- 시키다 (make)　　: 문장 전체의 뼈대가 되는 주인공 – 주인공 동사(Verb)
- 산책시키다 (walk): 부수적 정보를 전하는 조연 – 동사 비슷한 것 (Verbal)

위의 예문에 적용하면 노란 체크 표시가 된 부분을 가져다가 형태를 조합하면 된다.

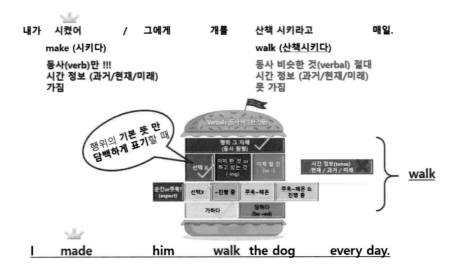

'시켰어'(메인 동사/주인공)는 어떤 사람에게 행동을 하라고 명령하는 뉘앙스가 있다. 그래서 마치 명령할 때 "Be quiet!" 하고 하듯이 동사 원래 모양을 사용하여 그 행동을 '명령하는' 속뜻을 표시한다. 'to-'나 '-ing' 말고 '동사 원형' 그대로 쓰는 이 옵션은 아래 두 경우에 주로 쓰인다.

1) 주로 '시키다' 동사(사역동사: let, make, have)가 이 패턴을 쓴다.
2) 지각 동사(see, notice, hear, feel, listen to, smell)도 동사 원형 쓰지만, 그 순간의 진행 상태임을 강조하기 위해서는 '-ing'를 쓰기도 한다.

▌ 지각(감각) 동사/ 사역(시키다) 동사 다음 '동사원형'이 오는 문장 통째 익히기

아래 예문에서 '-ing' 나 'to-'라는 verbals를 안 쓰고 '동사원형'이라는 verbals를 쓴 이유는 동사 행위 그 자체만을 담백하게 전하기 위한 의도가 있기 때문이다. '시키다 동사' 와 '지각 동사' 뒤에는 '담백한 동사 행동 그 자체'만을 전달하기 위해 '동사 원형'이라는 옵션을 쓴다고 보면 이해가 될 듯하다.

이제 소리 내어 아래 문장들을 통째 반복 읽기를 해보자.

Let me read the letter.
내가 그 편지를 읽게 허락해줘.
I saw him fall off the wall.
나는 그가 담벼락에서 떨어지는 걸 봤어.
I have never seen her dance.
나는 그녀가 춤추는 것을 본 적이 없어.
Did you notice anyone go out?
너는 누구라도 나가는 것을 봤니?

[I heard my mom calling my name.] 리듬 넣어 외우기

다음 장에서는 효율적인 의사전달을 위해 조각조각 낱개 문장이 아닌, 서로의 연관된 문장들을 연결하는 방법에 대해 나눌 것이다.

9장 문장❶ 1형식~5형식 외우면 안 되는 이유
-내가 몇 형식인지 뭔 상관이람?-

▌ 문장에 관한 글 (9장~12장) 개요 정리

9장. 문장❶ 내가 몇 형식인지 뭔 상관이람?

: 기본적으로 하나의 문장을 구성하는 방법

10장. 문장❷ 가성비를 높여야 하는 이유

: 낱개의 두 문장을 한 묶음 문장으로 구성하는 방법

11장. 문장❸ 영어 고수들의 문장 가성비 높이는 방법

: 관계대명사로 압축하기

12장. 문장❹ 영어 고수들의 문장 가성비 최고 방법

: 현재분사 (동사원형 ing)활용하기

▌ 자리가 뜻을 만든다!!

내가 몇 형식인지 뭔 상관이람?

> Q. 왜 영어 문장을 만들 때 단어 순서에 신경을 써야 하는 걸까?
>
> A. 우리말은 각 단어 뒤에 조사 (꼬리표)를 붙여 문장에 사용한다.
>
> 그 꼬리표는 각 단어가 문장 내에서 어떤 역할을 하는지를 나타낸다.
>
> 그래서 문장 내에 아무렇게 돌아다녀도 그 역할에 대한 혼란이 없는 편이다.
>
> 우리말 문장에서 각 단어는 위치에 대한 제약을 아주 적게 받는 편이다.
>
> 하지만, 영어는 각 단어 뒤에 그런 꼬리표가 안 붙는다.
>
> 그래서 문장 내에서 단어들이 아무렇게 돌아다닐 수 없다.
>
> 영어 문장 내 단어의 순서, 단어의 위치가 그 단어의 역할을 결정짓는다.
>
> 그래서 영어에는 어순이 중요하다.

<예문 1> Tom is my son.   Tom이 내 아들이다.

<예문 2> I like Tom.   나는 Tom을 좋아한다.

영어 문장에 똑같은 Tom이지만 <예문 1>에서는 주어(~이), <예문 2>에서는 목적어 (~를) 역할을 한다. 결국, 영어 문장에서는 단어의 배열순서 즉 어순이 중요한 것이다.

▌ 어순이 중요하다면, 영어의 1~5형식 문장도 반드시 외워야 할까?

> Q. 그 다섯 종류의 단어 배열 패턴들도 중요할까? 달달 외워야 할까?
>
> A. 단어의 배열순서가 뜻의 차이를 가져오지만, 그 단어 배열 패턴은 조금도 중요하지 않다. 이 다섯 가지 패턴을 외울 필요는 전혀 없다. 외워서 쓸 데가 도대체 없다. 오히려 독해의 속도를 늦출 뿐이다.

중학교 영어 시간에는 영어 문장을 1형식부터 5형식으로 나누어서 수학 공식 외우듯이 달달 외우라는 선생님들이 많다. 나도 중학교 영어 교사이지만 궁금하다 왜 다들 그러시는지. 나는 그 1형식이니 5형식이니 하는 문장 패턴을 안 가르친다. 아니 기를 쓰고 안 가르친다. 그런데, 아이들은 어디서 얻어들었는지 약간 복잡한 문장이 나오면 늘 나한테 '선생님, 이 문장이 몇 형식 문장이에요?' 하고 묻는다. 왜 묻는 걸까? 그게 1형식이면 어떻게 할 것이고, 5형식이면 어떻게 할 것이란 말인가? 그게 5형식인지 알고 문장을 보면 그 문장이 더 쉬워지는 건가? 만에 하나 어떤 문장이 5형식에 비슷한데, 딱 맞아떨어지지 않으면 그 문장을 버릴 셈인가?

▌ 영어 문장의 다섯 가지 형식을 외우면 안 되는 이유

더 어이없는 일은 1형식에서 5형식까지의 문장 구별법이 절대 진리가 아님에도 불구하고 우리나라 영어 학습자들은 절대 진리인 듯이 달달 외운다는 것이다. 문장 5형식은 Charles Talbut Onions라는 학자가 1904년 <An Advanced English Syntax: Based on the Principles and Requirements on the Grammatical Society>에서 문장을 다섯 가지 패턴으로 구별한 것 뿐이다. 미국 대학원에서 영어 문법 수업을 수강한 적이 있었는데 그 강의 교재인 <Grammar by Diagram>에는 영어 문장을 10가지 패턴으로 구별 지어 놓았다. 문장의 패턴을 소위 1형식에서 5형식까지가 아니라 10 형식으로 구별해 놓은 셈이다. 다시 말하면 우리가 수학 공식처럼 외우는 그 1형식부터 5형식까지의 패턴은 절대적인 진리가 아니라는 거다. 그럼에 불구하고, 우리나라 영어 학습자들은 대부분 영어 문장이 몇 형식인지 메겨가면서 공부하도록 세뇌당하고 있다.

내가 문장을 말할 때, '나는 3형식 문장을 만들 거야' 하면서 머릿속에 판을 짜 놓고 그 각각의 빈칸 (주어 자리, 동사 자리, 목적어 자리)에 단어를 하나씩 채워 넣는 식으로 영어 작문을 해야 하는 건가? 과연 우리의 뇌는 그렇게 해서 영어 문장을 생성해내는 건가?

아래 상황들을 영어 문장으로 표현해보자.
영어는 '주어(~가) + 동사 +대상(~를)' 순서로 뻗어간다. 쏜 화살처럼 앞으로만 간다.

❶ 나 = 엄마

❷ 나 ------>행복하다(happy) ^ ^

❸ 나♥(like)우리 엄마

❹ 나 부른다 우리집 개 = Tommy

❺ 커피 만든다 나------>행복하다(happy) ^ ^

❻ 나 줬다 우리 엄마 선물(a gift)

각 문장의 핵심 정보를 영어 단어로 배열하여 문장을 만들어 보자.

❶ I am a mom.

❷ I am happy.

❸ I like my mom.

❹ I call my dog Tommy.

❺ Coffee makes me happy.

❻ I gave my mom a gift.

이걸 만들 때 우리는 각 문장이 몇 형식인지 알고 미리 빈칸을 쭈욱 깔아 놓고 그 각 빈칸에 단어를 집어넣으면서 문장을 만들었던가? 절대 아니다. 반대로 각 영어 문장의 의미를 파악할 때 우리는 몇 형식인지 판단하고 나서 그 뜻을 파악하는가? 절대 아니다. 그건 너무 인위적이고 부자연스러운 과정이다. 우리는 생각을 직선의 단어 배열로 풀어낼 때 미리 몇 형식인지를 생각 하지 않는다. 그 형식 따위는 몰라도 된다. 다만 한 가지 핵심 원칙만 생각하면 된다.

▌영어 문장 구성의 핵심 원칙

❶ 주어를 맨 먼저 쓴다.

❷ 그리고 동사를 그다음에 쓴다.

❸ 위의 두 가지만 알면 된다. 나머지는 상식에 맡겨도 충분히 될 일이다.

나의 중, 고등학교 시절에는 문장이 몇 형식인지를 공식 외우듯이 달달 외우고 문장을 해부하고 쪼개고 분석하도록 교육받았다. 그런데, 안타깝게도 그런 분석적 접근법은 이제 와 되돌아보니, 나의 독해 속도를 늦출 뿐이었다. 몇 형식인지 분석할 시간에 마음에 드는 문장을 차라리 통째 로 외우는 것이 더 가치가 있다.

▌이제 '5형식'이는 폐기 처분될 때

이제 우리는 이 100년도 넘게 노후 된 '5형식'이라는 기계(문장을 1형식부터 5형식으로 기계 적으로 분류하는 습관)를 폐기 처분할 때이다. 영어는 기계가 아니다. 문법은 그 기계의 철저한 매뉴얼도 아니다. 문법은 내 생각을 효율적으로 표현하기 위한 최소한의 도구일 뿐이다. 내 생 각에 집중하고 그걸 표현할 길을 찾는 일에 더 몰두할 때다. 내 생각을 논리적으로 정리해서 전 달하는 게 관건이다. 그리고, 상대가 전하는 메시지에 몰입할 때다. 그 문장이 몇 형식에 맞춰서 표현된 문장인지 알 필요가 없다. 도대체 무슨 상관이란 말인가?

이제부터 우리는 문장을 만들 때든, 이해할 때든, 딱 두 명의 주인공 (주어와 동사)가 무엇인지 만 신경 쓰면 된다. 그리고 그 문장이 담고 있는 내용의 핵심에 더 많은 주의를 기울여야 한다.

(10장) 문장❷ 가성비를 높여야 하는 이유
-낱개 포장과 묶음 포장-

▌ 가성비가 대세, 언어에도 가성비가 대세

저학년의 어린이가 고학년으로 갈수록 그림책을 줄이고 글 밥이 많은 책을 읽도록 교육한다. 여러 개의 전자 문서를 이메일로 전송할 때 낱개의 문서를 각각 전송하지 않고 낱개의 문서들을 압축 파일로 변환시킨 후 전송한다. 물건을 고를 때 우리는 가성비(가격 대비 성능의 비율)가 좋은 물건을 찾는다.

> Q. 이유가 뭘까?
>
> A. 우리는 모든 것에서 효율성이 높은 것을 원하고 효율성을 추구한다.
>
> 그림책 말고 글로 쓰인 책은 페이지 수 대비 정보의 양이 높다.
>
> 한 페이지당 전달하는 정보의 양이 그림보다 글이 훨씬 많다.
>
> 압축파일은 낱개의 문서로 된 파일보다 메모리의 용량을 덜 차지한다.
>
> 메모리의 단위 용량 당 전송하는 정보의 양이 낱개 문서 파일 보다 압축파일이 훨씬 많다.
>
> 가성비가 좋은 물건은 가격 대비 그 성능이 좋은 물건이다.

▌ 영어에서 가성비를 높이는 방법들

그러면, 우리의 생각이나 느낌 등을 상대방에게 전달하기 위해 사용하는 언어는 어떨까? 본능적으로 우리는 고효율의 말을 선호한다. 소셜 미디어가 발달함에 따라 줄여 쓰는 말들이 점점 많아지고 있다. 방법도 여러 가지이다.

❶ 긴 단어의 일부만 쓴다.

veterinarian (수의사) = vet.

congratulations (축하해)= congrats.

established= est.

apartment= apt.

Road = Rd.

versus = vs.

❷ 앞 글자만 따서 사용한다.

CEO   : Chief Executive Officer
AFAIK   : As far as I know
A.S.A.P. : As soon as possible
D.I.Y.   : Do it yourself
LOL   : Laugh out loud

❸ 낱개 문장 말고 묶음 문장을 선호한다.

복잡하게 뒤엉켜있는 생각을 직선으로 전환 시킨 것이 바로 말이고 언어이다.

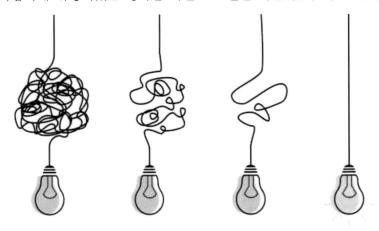

우리는 정보 전달의 효율을 높이는 방향으로 단어를 배열하여 문장을 완성하려 한다. 여기서 효율은 가격 대비 고성능의 물건처럼, 단어 수 대비 전달하는 정보의 양이다. 즉 우리가 하는 말에는 문장이라는 기본 단위에 최대의 내용을 전달하려는 욕구가 스며들어 있다. 그런데 이것은 단순히 단어를 몇 개 빠트리고 대충 말하는 그런 주먹구구식의 전달이 아니다. 그 안에는 어떤 원리가 들어가 있다. 아래의 예시에서 우리는 그 원리를 눈으로 확인할 수 있다.

【유치원 수준의 읽기 책: 짤막짤막한 문장】
   S(주어) V(동사) ....(마침표)
   S(주어) V(동사) ....(마침표)
   Kristin watered a sunflower.
   The sunflower stood in the garden.

4세 아이가 보는 그림책에는 대부분 이렇게 짧은 문장이 낱개로 떨어져 있다.

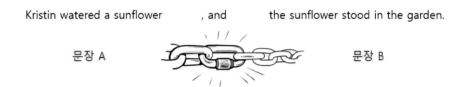

Kristin watered a sunflower   , and   the sunflower stood in the garden.

문장 A   문장 B

하지만 학년이 올라갈수록, 교과서에 수록된 문장들도 점차 길어진다.

우리는 조각 조각의 짧은 문장을 낱개 포장하기보다 서로의 의미 관계를 생각해서 두 개의 문장들을 묶음 포장한다. 듣는 사람의 뇌가 묶음의 정보를 더 쉽게 이해하고 처리할 수 있기 때문이다. 장보기 리스트를 야채는 야채끼리, 유제품은 유제품끼리 묶어서 전해주면 더 기억을 잘 할 수 있는 것과 같은 원리이다. 관련이 있는 문장 두 개를 하나로 묶어서 전달하면 듣는 사람이 정보를 훨씬 쉽고 빠르게 처리하게 된다.

▌ 접속사 (딱풀, 연결체인)

두 개의 낱개 문장을 하나의 문장으로 붙일 때는 반드시 접착제가 필요하다. 이 접착제를 '딱풀'이라 부를 수도 있고 '연결체인'이라 부를 수도 있다. 하지만, 문법책에는 '접속사'라 부른다. 어렵게 들리는 용어지만 기본 기능은 '딱풀'이나 '연결체인'과 똑같다. 접속사(딱풀, 연결체인)의 종류를 많이 알고 문맥이나 상황에 적절한 것을 골라 사용하는 것이 중요하다.

▌ FANBOYS 접속사(딱풀)

전하는 메시지의 중요도가 비슷한 두 문장을 하나의 문장으로 만들 때, 아래의 접속사를 사용한다.

문장 A   문장 B

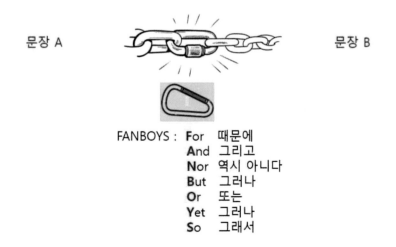

FANBOYS : **For**   때문에
            And   그리고
            Nor   역시 아니다
            But   그러나
            Or   또는
            Yet   그러나
            So   그래서

For (때문에)	He's overweight, for he eats too many cakes and biscuits. 그는 비만이다, 그가 너무 많은 케익과 비스킷을 먹기 때문에.
And (그리고)	He baked cookies, and I made some tea. 그는 쿠키를 구었다, 그리고 나는 차를 만들었다.
Nor (역시 아니다)	He does not eat cake, nor does he eat biscuits. 그는 케익을 안 먹는다, 비스킷도 역시 안 먹는다.
But (그러나)	I eat cake, but I never eat biscuits. 나는 케익을 먹는다, 그러나 나는 비스킷은 절대 안 먹는다.
Or (또는)	Don't eat too many cakes, or you will be overweight. 너무 많은 케익을 먹지 마라, 안 그러면 비만이 될 것이다.
Yet (그런데도 여전히)	He's overweight, yet he continues to eat lots of cakes. 그는 비만이다, 그런데도 여전히 그는 계속 많은 케익을 먹는다.
So (그래서)	He was very hungry, so he ate all the cake. 그는 배가 아주 고팠다, 그래서 그는 모든 케익을 먹었다.

▌ when, why, how에 관한 정보(부수적인 정보)를 붙이는 접속사

두 개의 나란한 문장 중 시간, 이유, 방법과 같은 부수적인 정보(when, why, how에 대한 정보)일 때는 아래의 접속사 중 의미에 맞게 골라 쓴다.

이유 관련 : because, as, since, so that
시간 관련 : as soon as, until, before, whenever, when, while
기타 : if, although/even though, whereas, whether or not

접속사

문장 A   문장 B
when, why, how에 관한 정보

【이유】

because (때문에)	Peter didn't go to work yesterday because he was ill. Peter는 어제 일하러 안 갔다 왜냐하면 아팠기 때문에.
as (때문에)	Peter didn't go to work yesterday as he was feeling unwell. Peter는 어제 일하러 안 갔다 왜냐하면 몸 상태가 안 좋았기 때문에.
since (때문에)	We should ask someone else since you are unable to answer. 우리는 다른 사람에게 물어봐야 해 왜냐하면 네가 대답을 못 하기 때문에.
so that (하기 위해서)	I'll lend you a map so that you can find the place more easily. 내가 너에게 지도를 빌려 줄게 너가 더 쉽게 그 장소를 찾게 하기 위해서.

【시간】

as soon as (하자마자)	I'll call you as soon as I get home. 내가 너에게 전화할 게 내가 집에 도착하자마자.
until (할 때까지)	I'll wait until you arrive. 내가 기다릴게 네가 도착할 때까지.
before (하기 전에)	Did he say anything before he left? 그가 뭐라도 말했니 그가 떠나기 전에?
whenever (할 때 마다)	The baby gets very grumpy whenever he's tired. 그 아기는 짜증을 낸다 피곤할 때 마다.
when (할 때)	Call me when you get home. 나한테 전화해 네가 집에 도착할 때.
while (하는 동안)	They arrived while we were having dinner. 그들은 도착했다 우리가 저녁을 먹고 있는 동안에.

【기타 세부적 상황】

if (~라면)	We'll stay at home if it rains. 우리는 집에 머무를 거야 만약 비가 오면.
although, even though (비록~일지라도)	They're happy although/even though they're poor. 그들은 행복하다 비록 가난해도.
whereas (~인 반면)	Ellie is tall whereas her brother is short. 엘리는 키가 커 형/남동생은 작은 반면에.
whether or not (이든 아니든)	You are going to the dentist whether or not you like it. 넌 치과에 갈 거야 네가 좋든 싫든.

** 잠깐! for 와 because의 차이**

위에 예시된 접속사들 가운데는 우리말로 했을 때 별 차이가 없는 것도 있다. 예를 들어, for 와 because가 그런 경우이다. 일반적인 영어 학습자로서는 그 둘의 차이를 굳이 구별할 필요는 없다. 다만 문장을 그림으로 도식화할 때는 그 차이가 눈으로 표시 날 것이다. 여기에 대해서는 <15장. 문장 그림❸ 접속사가 한눈에 딱!>에서 소개할 예정이다.

▌ 영어 잘하는 사람은 가성비를 높일 줄 아는 사람

복잡한 생각을 그냥 낱개의 짧은 문장으로 표현하는 게 좋을 때도 있다. 하지만 대부분의 경우, 우리는 접속사라는 연결 고리를 사용해서 최대한 묶어 전달한다. 그래야 듣는 사람이 더 신속하게 정보를 처리할 수 있다. 낱개의 문장을 묶어서 전달하는 능력 즉, 고효율의 문장을 만들어 내는 능력은 아주 중요한 능력이다.

11장 문장❸ 영어 고수들의 문장 가성비 높이는 방법
-콤마 하나에 그렇게 깊은 뜻이?!-

▌이전 글(9장, 10장) 요점 정리

★ 문장이 몇 형식인지는 안 중요하다.

★ 주어와 동사만 신경 쓰면 된다.

★ 전달하는 정보와 의도에 맞게 문장의 가성비를 높여야 한다.

★ 낱개 포장(짤막한 문장의 나열)보다는 묶음 포장(접속사로 문장 묶기)으로 생각을 효율적으로 표현하려고 연습해야 한다.

9장에서는 하나의 문장을 구성하는 것에 대한 이야기를 나눴다. 10장에서는 낱개의 두 문장을 하나의 묶음 문장으로 구성하는 것 특히, 접속사(딱풀, 연결고리:FANBOYS/ when, while, as, because 등등)을 사용해서 두 개의 문장을 묶음 포장하는 법을 배웠다. 여기서 중요한 것은 문장 두 개를 그저 기계적으로 묶기보다 묶음 포장하는 근본적인 이유를 기억하는 것이다. 그 이유는 바로 정확하고 효율적인 의사전달에 있다.

▌어떨 때는 짧고 굵게, 어떨 때는 길지만 굵게 (영어 고수들의 비법)

영어로 의사를 잘 표현한다는 것은 참 어려운 일이다. 그건 문장을 둘둘 묶어서 말한다고 될 일은 아니다. 버락 오바마 대통령은 짤막하고 간결한 문장으로 아주 파워풀한 메시지를 전달하는 것으로 유명하다. 그리고 스티브 잡스는 자신의 메시지를 짜임새 있게 구조화하여 전달하는 것으로 유명하다. 결국 영어로 의사를 잘 표현하는 사람은 의도와 상황에 맞게 영어 문장을 잘 구사하는 사람이다. 상황에 따라 오바마 대통령처럼, 낱개 문장을 짧고 굵게 말하기도 하고 스티브 잡스처럼 묶음 문장이지만 굵게 말하기도 한다. 문장이 짧다고 좋은 것도 아니고, 반대로 길다고 나쁜 것도 아니다. 중요한 것은 정확하고 효율적으로 문장을 말하는 것이다.

이번 글에서는 단순히 두 개의 문장을 접속사로 붙이기만 하던 기술을 뛰어넘어 두 문장을 합하되 핵심만을 전달하는 방법 즉, 긴 묶음 문장이지만 굵게 만드는 기술에 대해 이야기를 나눠볼까 한다.

▌ 묶음 문장을 굵게 말하는 법 (영어 고수들의 비법)❶

묶음 문장을 굵게 만들려면 어떤 연습이 필요할까?

문장을 굵게 만든다는 것은 다른 말로 압축한다는 것이다. 한 문장의 길이가 다소 길어지더라도 한 문장 안에 핵심이 되는 정보는 최대한 싣고 중복되는 정보는 삭제하면서 우리는 고효율 압축된 문장을 말할 수 있어야 한다. 영어 고수들이 공통으로 가지고 있는 능력이다.

그런 기술 중에서 이번 글에서는 접속사와 그 뒤를 따르는 문장의 일부를 대신해서 한 단어로 압축하는 방법에 대해 알아보자.

【유치원 수준의 읽기 책: 짤막짤막한 문장】

Kristin watered a sunflower. The sunflower stood in the garden.

　　　S　　　V............(마침표)　　　　S　　　V.................(마침표)

4세 아이가 보는 그림책에는 대부분 이렇게 짧은 문장이 낱개로 떨어져 있다.

【우리나라 중1 수준의 읽기 책: 가운데 접속사가 사용된 긴 문장】

Kristin watered a sunflower　　　, and　　　the sunflower stood in the garden.

문장 A　　　　　　　　　　　　　　　　　　　　문장 B

【영어 고수들이 쓰는 패턴:관계대명사(접속사 + 대명사)가 사용된 긴 문장】

미국 대학원 시절 영어의 고수 중에 고수인 미국인 교수님들의 말 속에서 관계대명사는 가장 빈출한 어휘임을 금방 알아차렸다. 추상적이고 복잡한 생각을 정리해야 하는 상황에서 영어 고수들에게 관계대명사는 과연 필수 아이템이다.

Kristin watered a sunflower　　　which　　　stood in the garden.

문장 A　　　and the flower　　　문장 B

which

★ 관계대명사에 관한 핵심 사항 ★

관계대명사의 기본 기능: 두 가지 요소 (접속사, 대명사)를 하나(관계대명사)로 압축

[접속사(딱풀, 연결체인)] : 두 문장을 붙이는 역할로 별 큰 뜻이 없음. → 위 예문에서 'and'
[대명사] : 바로 앞의 명사와 동일 → 위 예문에서 'the sunflower'는 앞의 'a sunflower'와 동일

이 두 가지 요소를 녹여서 하나의 새로운 단어(관계대명사: who, which, that, what)로 압축시
키는 것이 바로 영어 고수들이 자주 쓰는 문장 압축술이다. 하지만 이 또한 상황에 맞게 정확히
써야 한다.

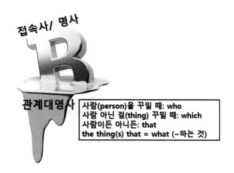

▌ 콤마 하나에 이렇게 깊은 뜻이!?

다음 예를 한번 생각해보자. 우리 반에 Ann이 3명 있는 상황에서 '우리 옆집에 사는 Ann이 참
다정해'를 영어로 쓸 때 어떤 예문이 더 정확할까?

<예문1> Ann who lives next door is very friendly.
<예문2> Ann, who lives next door, is very friendly.

둘 중에 <예문1>이 더 정확한 표현이라고 할 수 있다.

<예문 1> Ann who lives next door is very friendly.
우리 집 옆에 사는 Ann—다른 Ann 말고—은 아주 다정해.

반에 Ann이 여러 명 있음. 그래서 어떤 Ann인지 말해줘야 누군지 알아들음.

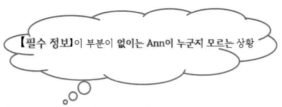

Ann **who lives next door** is very friendly.

그럼, 콤마가 있는 <예문 2>는 어떤 상황에 쓰이는 것일까?

<예문 2> Ann, who lives next door, is very friendly.

Ann―우리 집 옆에 살잖아―은 아주 다정해.

반에 Ann이 한 명 뿐임. 'Ann'이라는 이름만 말해도 누군지 알아들음.
그래도 Ann 이야기 나온 김에 옆집에 사는 것도 말해주고 싶음.

Ann **,** **who lives next door** **,** is very friendly.

관계대명사는 기본적으로 두 가지 상황에 사용한다.

❶ **콤마 없는 관계대명사**: 앞 문장에 나온 사람(person)이나 사물(thing)이 구체적으로 어느
사람(which person) 또는 어느 것 (which thing)을 나타내는지 꼭 짚어줘야 할 때 쓴다.

❷ **콤마 관계대명사**: 앞 문장에 나온 사람(person)이나 사물(thing)에 대해 추가 정보를
주고 싶을 때 쓴다.

▌ 결론

영어 고수들이 쓰는 문장 가성비 높이는 방법은 관계대명사를 잘 활용하는 것이다. 작은 콤마이지만 상황에 따라 찍고 안 찍고를 정확히 하면 문장의 압축과 정확한 의사전달까지 할 수 있게 된다.

▌ 문장 통째 연습

몇 개 예문을 통째로 소리 내어 아주 여러 번 읽고 입에 익도록 하는 것을 추천한다. 언제나 문법은 머리로는 한 번만 이해하고 나머지는 입으로 문장 통째 외우는 것이 최선이다.

The woman who lives next door is a doctor.
옆집에 사는 그 여자 분은 의사이다.

My brother Jim, who lives in Houston, is a doctor.
내 남동생/형 Jim—휴스턴에 살거든(추가 정보)—은 의사이다.

Brad told me about his new job, which he's enjoying a lot.
Brad는 나에게 그의 새 직업에 대해 말해줬어 — 그는 무척 즐겁게 하고 있어(추가 정보).

Barbara works for a company which makes furniture.
Barbara는 가구 만드는 회사에서 일한다.

This morning I met Chris, whom I hadn't seen for ages.
오늘 아침 나는 Chris를 만났어 — 나는 몇 년 동안이나 그를 못 봤어(추가 정보).

We stayed at the hotel that you recommended.
우리는 네가 추천해준 호텔에서 머물렀어.

(12장) 문장❹ 영어고수들의 문장 가성비 최고 방법
-시간을 품지 못하는 준동사(verbals), '-ing' 끌어안기-

▌ 이전 글(11장) 요점 정리

★ 영어 고수들은 정확하고 효율적인 문장을 잘 구사한다.

★ 영어 고수들의 문장 가성비 높이는 방법: 관계대명사(who, which, that, what)

★ 관계대명사에서 콤마(,) : 필수정보가 아닌 추가 정보를 압축해서 넣을 때 사용

▌ 영어 고수들의 문장 가성비 최고로 높이는 방법 : 준동사 (현재분사: -ing) 활용하기

> Q. 관계대명사를 사용하는 것 이외에 묶음 문장이지만 정보를 최대한 압축해서 문장을 구성하는 방법은 뭐가 있을까?
>
> A. 영어 고수들은 한 문장의 길이가 다소 길어지더라도 한 문장 안에 핵심이 되는 정보를 최대한 싣고 중복되는 정보는 삭제하면서 고효율 압축된 문장을 구사한다. 또한, 그들이 사용하는 문장의 패턴들은 주로 준동사(verbals) 중 현재분사(동사원형 ing)를 사용하여 정보들을 압축해서 전달한다.

【낱개의 두 문장을 접속사로 묶은 문장】

Kristin watered a sunflower, **and** the sunflower stood in the garden.

【영어 고수들의 문장 가성비 높이는 방법 : 관계대명사(접속사 + 대명사 압축) 사용】

Kristin watered a sunflower **which** stood in the garden.

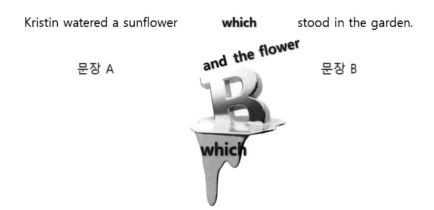

【영어 고수들의 문장 가성비 최고 방법: 준동사(verbals: -ing) 사용】

Kristin watered a sunflower <u>standing</u> in the garden.

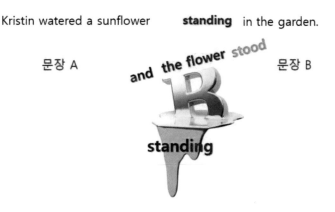

★ 준동사(verbals: 현재분사 -ing)로 압축된 문장 만들기 핵심 사항 ★

세 가지 요소 (접속사, 주어, 동사의 시간 정보)를 하나(현재분사 -ing)로 압축

[접속사 'and': 두 문장을 붙이는 역할.] 별 큰 뜻이 없음.-->삭제

[the sunflower: 바로 앞의 'a sunflower'하고 같은 것] 중복된 정보.-->삭제

[stood의 시간 정보] : 앞 문장으로 녹아 들어가므로, '동사'로 가졌던 '시간의 정보(tense)'
-->삭제

이 세 가지를 준동사인 현재분사(-ing) 하나로 압축함.

▌ 세 가지 상황별 연습

<상황1> Kristin은 해바라기에 물을 주었다 그리고 그 해바라기는 정원에 있다.

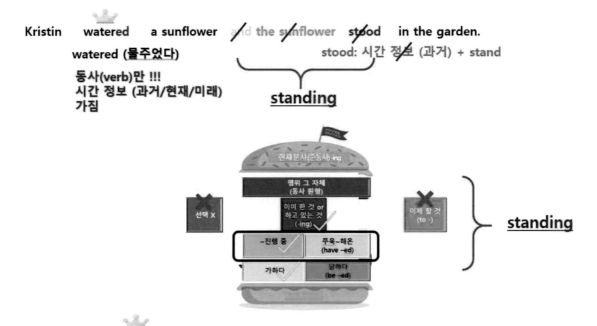

Kristin   watered   a sunflower   ~~and the sunflower~~   ~~stood~~   in the garden.

watered (물주었다)

동사(verb)만 !!!
시간 정보 (과거/현재/미래)
가짐

~~stood~~: 시간 정보 (과거) + stand

standing

standing

Kristin watered a sunflower   standing   in the garden.

<상황2> Kristin이 레모네이드 한 잔을 마셨다, 해바라기에 물을 주고 난 후.

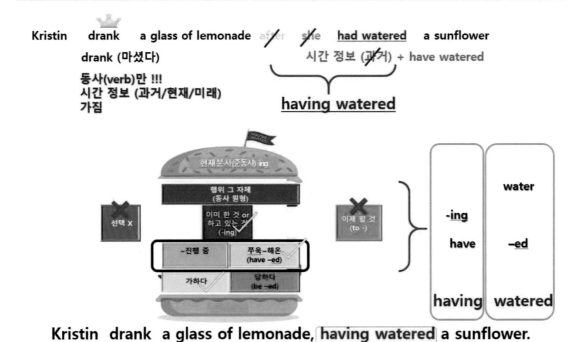

Kristin   drank   a glass of lemonade   ~~after~~   ~~she~~   <u>had watered</u>   a sunflower

drank (마셨다)

동사(verb)만 !!!
시간 정보 (과거/현재/미래)
가짐

시간 정보 (~~과거~~) + have watered

having watered

-ing
have

having

water
-ed

watered

Kristin drank a glass of lemonade, | having watered | a sunflower.

세 가지 요소 (접속사, 주어, 동사의 시간 정보)를 하나(현재분사 -ing)로 압축

[접속사 'after': 두 문장을 붙이는 역할] 없어도 문맥으로 파악 가능. -->삭제

[she: 앞 문장의 'Kristin'] 중복된 정보. -->삭제

[had watered (= 과거 시제 + have watered)의 시간 정보] : 앞 문장으로 녹아 들어가므로, '동사'로 가졌던 '시간의 정보(tense)' -->삭제

이 세 가지를 준동사인 현재분사(-ing) 하나로 압축함.

★ 주의 사항 ★

준동사 (현재분사 -ing)로 바꿀 때, '진행중'인 것과 '쭈욱 해 온'의 차이를 아는 게 중요하다.

해바라기에 물을 먼저 쭈욱 줘왔고('had watered') 그리고 레모네이드를 마신(drank) 상황이다.
결국 쭈욱 먼저 해온 일을 'having -ed'로 바꾸는 사실을 잘 기억해야 한다.

<상황 3> 해바라기 ('물줌'을 쭈욱 당해 온)가 꽃을 피웠다(blossomed).

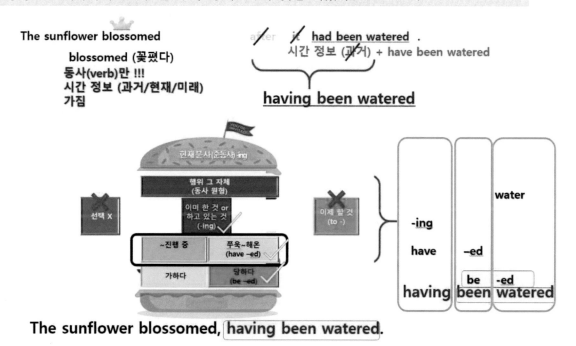

세 가지 요소 (접속사, 주어, 동사의 시간 정보)를 하나(현재분사 -ing)로 압축

[접속사(딱풀, 연결체인) 'after': 두 문장을 붙이는 역할] 없어도 문맥으로 파악 가능.-->삭제

[it: 앞 문장의 'the sunflower'] 중복된 정보.-->삭제

[had been watered (= 과거 시제 + have been watered)의 시간 정보] : 앞 문장으로 녹아 들어가므로, '동사'로 가졌던 '시간의 정보(tense)'-->삭제

이 세 가지를 준동사인 현재분사(-ing) 하나로 압축함.

★ 주의 사항 ★

준동사 (현재분사 -ing)로 바꿀 때, '가하다'와 '당하다'의 차이를 아는 게 중요하다.

'가하다' : 문장의 주인공 주어가 한 행동 → **형태변형 없음.**

'당하다' : 문장의 주인공 주어가 당한 행동 (위 예문에서는 '물 줌'을 당함)→ **be -ed**

▌ 결론

영어 고수들은 중복된 정보를 최대한 제거하고 핵심의 정보만을 넣어 문장을 압축한다. '준동사인 현재분사(-ing)를 자유자재로 구사하면, 문장 가성비를 최대치로 끌어올릴 수 있다.

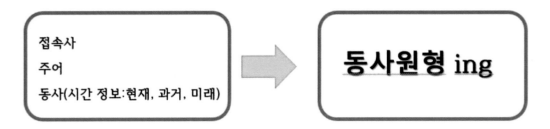

▌ 더 많은 예문 입으로 연습하기

현재분사(-ing)가 쓰인 예문을 몇 개 통째로 소리 내어 아주 여러 번 읽고 입에 익도록 하는 것을 추천한다. 언제나 문법은 머리로는 한 번만 이해하고 나머지는 입으로 문장 통째 익히는 것이 최선이다.

Smiling, she hugged the panting dog.

= She smiled and she hugged the panting dog.

웃으면서, 그녀는 숨을 헉헉거리는 개를 안았다.

(Having been) Shaken, he walked away from the wrecked car.

= After he had been shaken, he walked away from the wrecked car.

큰 충격을 받고, 그는 사고당한 차에서 걸어 나왔다.

Whistling to himself, he walked down the road.

= As he whistled to himself, he walked down the road.

휘파람을 불며, 그는 길 아래로 걸어 내려갔다.

Dropping the gun, she put her hands in the air.

= She dropped the gun and put her hands in the air.

총을 떨어트리며, 그녀는 두 손을 공중으로 들어 올렸다.

Putting on his coat, he left the house.

= He put on his coat and left the house.

코트를 입으며, 그는 집을 나섰다.

Being poor, he didn't spend much on clothes.

= Because he was poor, he didn't spend much on clothes.

가난했기 때문에, 그는 옷에 돈을 많이 안 썼다.

Knowing that his mother was coming, he cleaned the flat.

= Because he knew that his mother was coming, he cleaned the flat.

그의 엄마가 온다는 사실을 알았기 때문에, 그는 아파트를 청소했다.

He whispered, thinking his brother was still asleep.

= He whispered because he thought his brother was still asleep.

남동생이 여전히 자고 있다고 생각했기 때문에, 그는 속삭였다.

다음 글에서는 이제까지 공부한 다양한 문장의 패턴 (낱개 문장, 접속사가 있는 묶음 문장, 관계대명사, 현재분사가 쓰인 압축된 문장)을 각각 그림으로 표현하여 문장의 구조를 한눈에 파악하는 방법에 대해 알아볼 것이다.

(13장) 문장 그림 ❶ 동사가 한눈에 딱!
-날개 문장 구조 한눈에 알아보게 그림-

▌이전 글 (9장~12장) 요점 정리

<문장을 구성하기 위해 필요한 알맹이 문법>의 핵심은 다음과 같다.

> ★ 중요 문법 규칙 1★
>
> ✎하나의 문장 (마침표로 표시) 안에는 주어가 1개, 동사 1개만 와야 한다.
>
>   S (주어) ....V (동사)................................(마침표)
>
>   주어 1개, 동사 1개가 와야 함.
>
> ✎ 동사는 시간 정보(과거, 현재, 미래)를 품어야 한다
>
> ✎ 주어와 동사가 각 문장의 핵심 주인공이기에 주어와 동사를 정확히 파악하는 게 중요하다.
>
>
> ★ 중요 문법 규칙 2★
>
> 문장의 핵심 내용은 주어, 동사, 목적어, 보어(주어나 목적어를 보충해주는 말) 안에 있다.
> 나머지 내용은 which one (어느 것?), when, where, how와 관련된 정보로 세부 사항에 해당
> 한다. 이런 것들이 많을수록 문장이 길어지지만, 문장의 핵심 성분만 잘 파악하면 어렵지 않다.

긴 문장이라 하더라도 문장의 핵심 내용과 부가적 내용을 아래처럼 도식화하여 나타내면 문장
을 쉽게 직관적으로 파악할 수 있다.

[한 눈에 딱! 문장 구조 알게 그림]

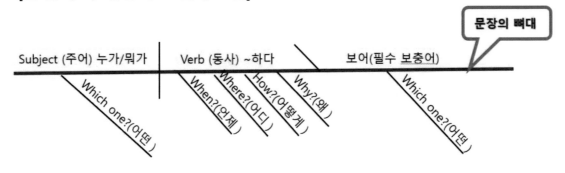

▌다양한 예문을 도식화하여 파악하기

그럼 이제부터 다양한 문장들을 그림으로 도식화해보자. 문장의 구조를 직관적으로 파악하면 그 알맹이의 내용도 한눈에 쉽게 파악이 된다.

<예시 1> The king is here.

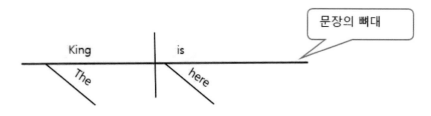

문장의 핵심 요소인 주어, 동사가 빨간 선 위에 있다.

---> 문장의 핵심 내용: 왕이 있다.

나머지 꾸며주는 세부 정보는 그 아래에 대각선에 있다.

---> 세부 정보: 어떤 왕? 그 왕

<예시 2> The king is kind.

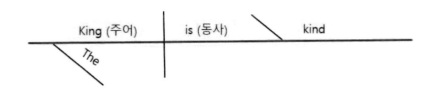

문장의 핵심 요소인 주어, 동사, 보어(필수정보: 보어가 문장을 보충해주어야 문장의 의미가 완성됨)가 빨간 선 위에 있다.

-----> 문장의 핵심 내용 :'왕이 친절하다.'

나머지 꾸며주는 세부 정보는 그 아래에 대각선에 있다.

-----> 세부 정보: 어떤 왕? 그 왕

<예시 3> The king is a genius.

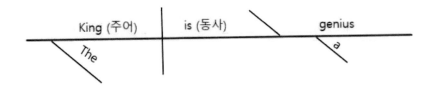

문장의 핵심 요소인 주어, 동사, 보어(필수정보: 주어를 보충해주는 말)가 빨간 선 위에 있다.

----->문장의 핵심 내용 :왕이 천재이다.

나머지 꾸며주는 세부 정보는 그 아래에 대각선에 있다.

----> 세부 정보: 어떤 왕? 그 왕

<예시 4> We are studying English grammar.

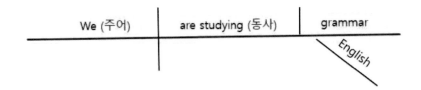

문장의 핵심 요소인 주어, 동사, 목적어 (~을/를)가 빨간 선 위에 있다.

----->문장의 핵심 내용 :우리가 공부하고 있다 문법을.

나머지 꾸며주는 세부 정보는 그 아래에 대각선에 있다.

----->세부 정보: 어떤 언어 문법? 영어 문법

<예시 5> We looked up the word.

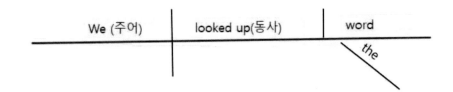

문장의 핵심 요소인 주어, 동사, 목적어 (~을/를)가 빨간 선 위에 있다.

----->문장의 핵심 내용 :우리가 (사전 등에) 찾아봤다 단어을.

나머지 꾸며주는 세부 정보는 그 아래에 대각선에 있다.

----->세부 정보: 어떤 단어? 그 단어

<예시 6> The teacher gave everyone a chocolate cookie.

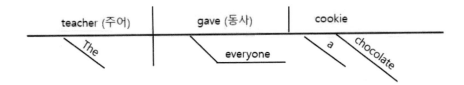

문장의 핵심 요소인 주어, 동사, 목적어 (~을/를)가 빨간 선 위에 있다.

--->문장의 핵심 내용 :선생님이 주셨다 쿠키를.

나머지 꾸며주는 세부 정보는 그 아래에 대각선에 있다.

--->세부 정보: 어떤 선생님? 그 선생님

누구한테? 모두한테

어떤 쿠키? 초코 쿠키

몇 개? 한 개

<예시 7> The teacher gave a chocolate cookie to everyone.

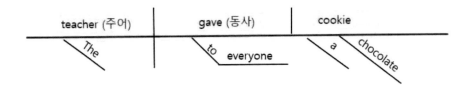

문장의 핵심 요소인 주어, 동사, 목적어 (~을/를)가 빨간 선 위에 있다.

---> 문장의 핵심 내용 :선생님이 주셨다 쿠키를.

나머지 꾸며주는 세부 정보는 그 아래에 대각선 위에 있다.

--->세부 정보: 어떤 선생님? 그 선생님

누구한테? 모두한테

어떤 쿠키? 초코 쿠키

몇 개? 한 개

★ 충격적인 사실 ★

<예시 6> 우리가 달달 외우던 문장의 4형식

<예시 7> 우리가 달달 외우던 문장의 3형식

결국 원어민들에게 두 문장은 같은 문장 구조인 것이다. 우리는 왜 그 두 패턴을 구별하려 애썼단 말인가? 참 허무하고 어이가 없어지는 순간이다.

<예시 8 > The students bowed respectfully to their English teacher.

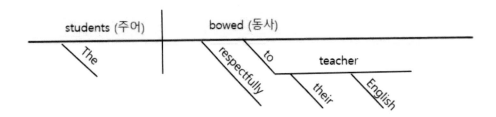

문장의 핵심 요소인 주어, 동사가 빨간 선 위에 있다.

--->문장의 핵심 내용 :학생들이 인사를 했다.

나머지 꾸며주는 세부 정보는 그 아래에 대각선에 있다.

--->세부 정보: 어떤 학생들? 그 학생들

　　　　　　어떻게 인사했어? 존경하는 마음으로

　　　　　　어떤 선생님한테? 그들의 영어 선생님한테

<예시 9> The king considered the tall man honest.

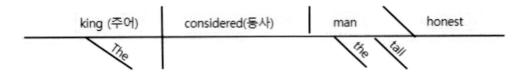

문장의 핵심 요소인 주어, 동사, 목적어 (~을/를), 목적어 보충어 (목적어에 대한 필수 보충 정보)가 빨간 선 위에 있다.

--->문장의 핵심 내용 :왕이 생각했다 사람이 친절하다고.

나머지 꾸며주는 세부 정보는 그 아래에 대각선에 있다.

--->세부 정보: 어떤 왕? 그 왕

　　　　　　어떤 사람? 그 키 큰 사람

▌ 결론

문장의 핵심 내용(중요):

주어, 동사, 목적어, 보어(주어나 목적어를 필수적으로 보충해주는 말) 파악하기

문장의 세부 사항(덜 중요):

which one (어느 것?), when, where, how? 에 대한 것으로 부수적인 정보로 처리하기

다음 글에서는 접속사로 이어진 묶음 문장을 도식화하여 직관적으로 파악해보자.

14장 문장 그림 ❷ to 부정사가 한눈에 딱!
- 'to동사원형' 문장구조 한 눈에 알아보게 그림-

▌ 중요 문법 규칙

✎ 하나의 문장(마침표로 표시)안에는 주어가 1개, 동사 1개만 와야 한다.

Subject......................Verb..............................(마침표)

주어 1개   동사 1개

✎ 동사가 시간 정보(과거, 현재, 미래)를 품어야 함

✎ 주어와 동사가 각 문장의 핵심 주인공인 셈이다.

✎ 우리는 문장을 읽을 때 주어와 동사를 각각 정확히 파악하는 게 중요하다.

▌ 한 문장에 동사 두 개 충돌 해결법

Q. 다음 예시 문장처럼, 우리가 말하고자 하는 문장에 행위를 의미하는 단어 즉, 동사가 여러 개 올 수도 있다. 이 경우 어떻게 동사 충돌을 해결할 수 있을까? 다음 문장을 영어로 옮겨 보자.

<예시1> 그는 매일 아침 살을 빼려고 조깅한다.

A. 이 문장에서 행동을 의미하는 단어는 2개 (조깅한다, 뺀다)이다. 한 문장에 이렇게 행동이 2개 나오면, 그 중에 주인공 동사 (보통 우리말로 번역된 문장의 마지막에 오는 단어)는 그대로 유지 시키고, 나머지 행동을 나타내는 동사를 'to 동사원형'이나 '동사원형 ing'로 바꾸면 된다.

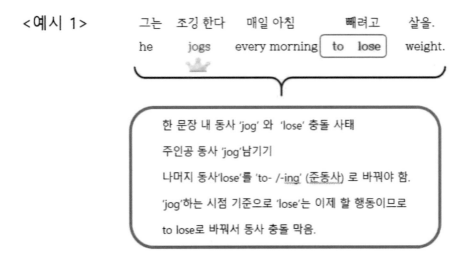

<예시 1>

그는	조깅 한다	매일 아침	빼려고	살을.
he	jogs	every morning	to lose	weight.

한 문장 내 동사 'jog' 와 'lose' 충돌 사태

주인공 동사 'jog'남기기

나머지 동사'lose'를 'to- /-ing' (준동사) 로 바꿔야 함.

'jog'하는 시점 기준으로 'lose'는 이제 할 행동이므로

to lose로 바꿔서 동사 충돌 막음.

▌ 우리를 힘들게 하던 'to 부정사의 ○○적 용법'의 민낯

Q. 시험에 늘 나오던 그 'to부정사의 세 가지 용법 (형용사적/ 명사적 용법/ 부사적 용법)은 정확히 구분이 될까?

다음 <예시2> 문장에서 'to be successful'은 형용사적 용법/ 명사적 용법/ 부사적 용법 중 무엇으로 쓰였을까?

A. 결론부터 말하자면, 'to 동사원형 (to 부정사)'가 무슨 용법으로 쓰였는지 분명하게 구분되지 않는 경우도 있다. 아래 도식화된 문장의 그림에서 보여지듯이, 같은 하나의 영어 문장이지만, 두 가지 문장 구조가 다 가능하다. 문장 하나만 가지고는 그 구별이 힘들다. 앞뒤 상황과 문맥에 따라 다르게 해석되기 때문이다.

<예시 2> We must find a way to be successful.

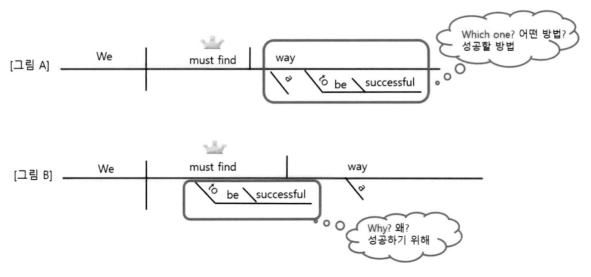

그림 A : 형용사적 용법 (내가 성공하기 위한 방법)

그림 B : 부사적 용법 (성공하기 위해)

결국, 맥락이 없이 딸랑 문장 하나만 놓고 형용사적 용법이니 부사적 용법이니 묻는 것 자체가
잘못이다.

▌ 우리가 'to 동사원형'에 관해 기억해야 할 딱 두 가지

① 'to 동사원형'이 What/Who에 해당하는 정보일 경우:

　✎ 빨간 뼈대 위에 위치시키기

　✎ 핵심 내용으로 파악하기

② 'to 동사원형'이 Which one/ When/Where/Why/How에 해당하는 정보:

　✎ 빨간 뼈대 아래에 위치 시키기

　✎ 세부 내용으로 처리하기

아래 <예시문 3~6>의 뼈대를 그려보자. 'to 동사원형'이 들어간 문장의 핵심 내용을 한눈에
들어올 것이다.

<예시 3> He washed cars every morning <u>to make money</u>.

그는 세차했다 매일 아침/ 돈을 벌려고.

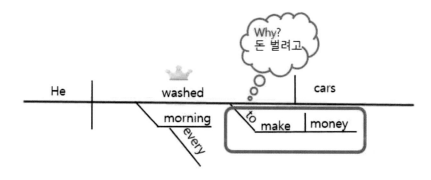

우리를 힘들게 하는 to 부정사 해결법

1. 문장의 주어와 동사를 찾기

2. 동사 뒤에 내용이 why? (왜 그걸 한다고?) 에 대한 대답임을 확인하기.

　Why (왜 한다고)? '돈 벌려고'

3. 빨간 뼈대 아래에 위치시키고 세부 정보로 처리하기.

<예시 4> He continues <u>to eat lots of cakes.</u>

그는 계속 한다/ 먹는 것을 /많은 케익을.

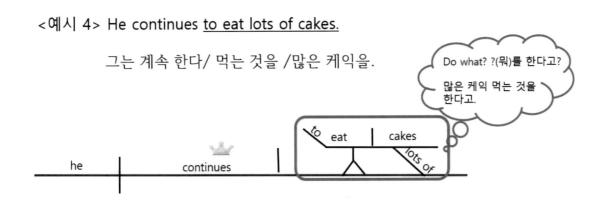

우리를 힘들게 하는 to 부정사 해결법

1. 문장의 주어와 동사를 찾기

2. 동사 뒤에 내용이 what? (뭐를 한다고?) 에 대한 내용임을 확인하기.

   Do what(뭐를 한다고)? '많은 케익을 먹는 것'을 한다

3. 빨간 뼈대 위에 위치시키고 핵심 내용으로 파악하기.

<예시 5> <u>To lose weight</u> is his goal.

살 빼는 것이 그의 목표이다.

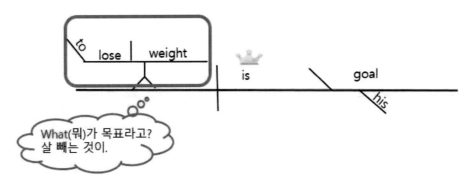

우리를 힘들게 하는 to 부정사 해결법

1. 문장의 주어와 동사를 찾기

2. 주어 내용이 what? (뭐가 그렇다고?) 에 대한 내용임을 확인하기.

   what? (뭐가 그렇다고?) '살 빼는 것'이 그의 목표다

3. 빨간 뼈대 위에 위치시키고 핵심 내용으로 파악하기.

<예시 6> The best coffee to drink is this blend of two flavors.

마실 최고의 커피는 이 두 가지 향을 섞은 거다.

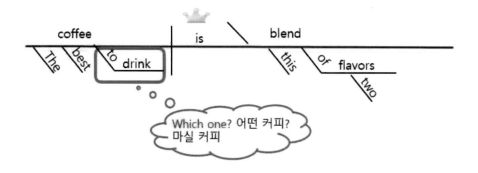

우리를 힘들게 하는 to 부정사 해결법

1. 문장의 주어와 동사를 찾기
2. Which one (어떤 커피라고?) 에 대한 대답임을 확인하기.
   Which one (어떤 커피라고?) '마실 커피'
3. 빨간 뼈대 아래에 위치시키고 세부 정보로 처리하기.

▌ 결론

우리는 하나의 문장을 읽을 때도, 쓸 때도 주어와 동사가 각각 하나씩만 있는지 확인해야 한다. 그리고 한 문장에 동사가 2개 있을 경우는 반드시 메인이 되는 동사(대체로, 우리말 해석했을 때 문장 마지막에 오는 말)를 살려두고 나머지 동사는 'to 동사원형'이나 '동사 원형ing'로 바꾼 다. 특히, 'to 동사원형' 쓰인 문장이 'what/who'에 대한 내용이면 뼈대 위에 위치시키고 핵심 내용으로 정확히 파악해야 한다. 한편, 그 내용이 'which one/ when/where/why/how'에 대한 내용이면 뼈대 아래에 위치시키고 세부 사항으로 처리하면 된다.

우리는 빠른 직독 직해 실력과 빠른 의사 표현 능력을 키우기 위해서 반드시 'to 부정사'의 00 용법 따지기' 덫에서 벗어나야 한다.

(15장) 문장 그림 ❸ 접속사가 한눈에 딱!
-접속사 묶음 문장 구조 한눈에 알아보게 그림-

▌ 이전 글 (11장) 요점 정리

두 개의 낱개 문장을 하나의 문장으로 붙일 때는 반드시 접착제가 필요하다. 이 접착제를 '딱풀'이라 부를 수도 있고 '연결체인'이라 부를 수도 있다. 하지만, 문법책에는 '접속사'라 부른다. 어렵게 들리는 용어지만 기본 기능은 '딱풀'이나 '연결체인'과 똑같다. 그 접속사 (딱풀, 연결체인)의 종류를 많이 알고 적절한 것을 사용하는 것이 관건이다.

Kristin watered a sunflower   , and   the sunflower stood in the garden.

문장 A  문장 B

FANBOYS : **For**   때문에
And   그리고
Nor   역시 아니다
But   그러나
Or   또는
Yet   그러나
So   그래서

▌ FANBOYS 접속사(딱풀)

그럼 이제부터 FANBOYS 접속사가 있는 문장들을 그림으로 그려보자. 문장의 구조를 직관적으로 파악하면 그 알맹이의 내용도 한눈에 파악할 수 있다.

<예시 1> He's overweight, for he eats too many cakes.

그는 비만이다, 그가 너무 많은 케익을 먹기 **때문에**.

문장의 뼈대

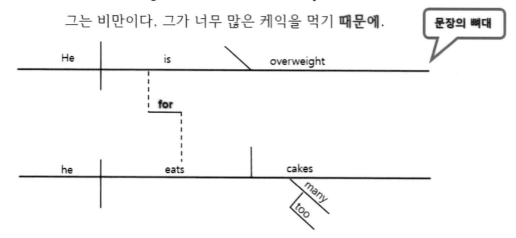

<예시 2> He does not eat cake, nor does he eat biscuits.

그는 케익을 안 먹는다, 비스킷도 **역시 안** 먹는다.

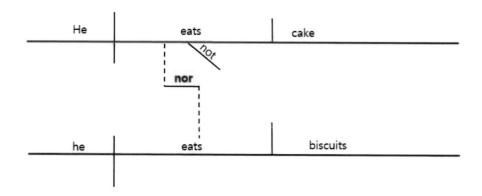

<예시 3> Don't eat too many cakes, or you will be overweight.

너무 많은 케익을 먹지 마라, **안** 그러면 비만이 될 것이다.

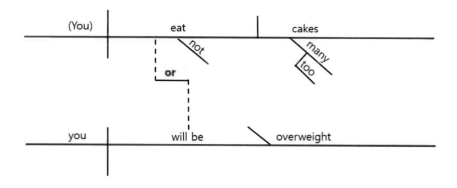

<예시 4> He was very hungry, so he ate all the cake.

그는 배가 아주 고팠다, 그래서 그는 모든 케익을 먹었다.

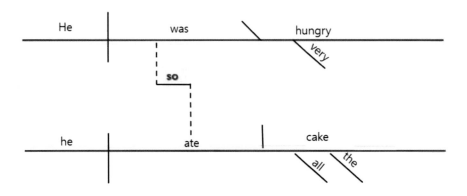

▌ 나머지 접속사가 있는 묶음 문장

이제 FANBOYS 이외의 나머지 접속사가 있는 묶음 문장을 그림으로 그려보자. FANBOYS 접속사와 나머지 접속사는 사실 그림에서 보다시피, 구조상 별 차이가 없다. 다만 대등한 두 문장을 하나로 묶을 때 FANBOYS 접속사를 쓴다. 한편, 하나의 주된 문장 밑에 나머지 한 문장이 세부 사항으로 부속되어 있다고 볼 때 그 외 나머지 접속사를 쓴다. 그러나 FANBOYS 접속사인 그룹과 나머지 접속사 그룹 간에는 실질적인 차이는 크게 없으므로, 영어 학습자인 우리는 크게 신경 쓸 필요는 없다.

<예시 5>Peter didn't go to work yesterday because he was ill.

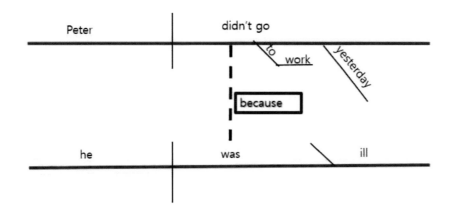

하지만, 주된 문장 안에 하위 문장으로 부속될 때는 구조도가 다르다.
아래 <예시6> 의 경우는 주된 문장 안에 작은 문장이 부속된 것을 눈으로 확인할 수 있다.

<예시 6> I don't know **whether** he ate all the cake.

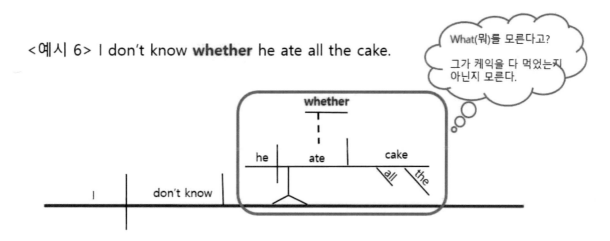

What(뭐)를 모른다고?
그가 케익을 다 먹었는지
아닌지 모른다.

'Whether he ate all the cake'은 'I don't know' 라는 문장의 일부로 'What(뭐)에 대한 정보'가 들어 있으므로 빨간 뼈대에 올라가서 주된 문장 안의 작은 문장으로 빨려 들어간다.
<예시 7> 문장도 같은 구조를 가지고 있다. 'that she did not love Sam'이 'Amy claimed'라는 문장의 일부로 'What(뭐)에 대한 정보'가 들어 있으므로 빨간 뼈대 위에 올라가서 주된 문장 안의 작은 문장으로 빨려 들어간다.

<예시 7> Amy claimed **that** she did not love Sam.

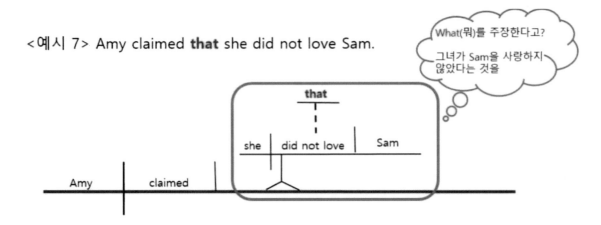

이렇게 한 문장 안에 작은 문장이 포함된 경우, 그림을 한 번 보는 순간 복잡한 문장의 구조가 딱 그려진다. 명사절이니 부사절이니 어려운 말은 필요 없어진다. 이렇게 그림으로 그렸을 때 가장 도움이 되는 부분이 바로 이런 문장이다.

▌결론

묶음 문장은 두 개의 낱개 문장과 그 사이를 이어주는 접속사로 이루어져 있다. 그 두 문장 간의 관계 및 그 묶음 문장의 구조는 그림을 통해 한눈에 딱 알아볼 수 있다. 주된 문장 말고 나머지 문장이 when, where, why, how에 대한 정보이면 빨간 뼈대 아래에 선을 그어서 메인 문장과 연결한다. 한편, who, what에 대한 정보이면 메인 문장의 빨간 뼈대 위에 그 정보를 올리면 된다.

[한 눈에 딱! 나머지 접속사 묶음 문장 구조 알게 그림]

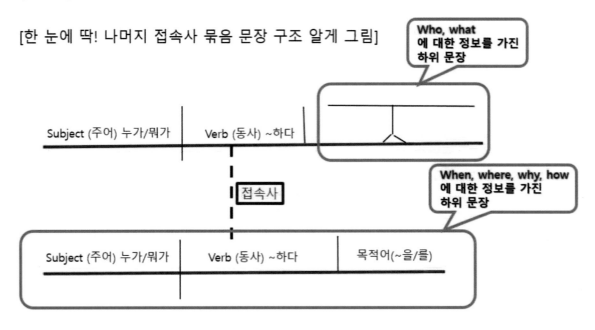

더 이상 문장 구조를 명사절이니 부사절이니 말로만 풀이하는 문법으로 고생할 필요가 없다.

16장 문장 그림 ❹ 관계대명사가 한눈에 딱!
-관계대명사 묶음 문장 구조 한눈에 알아보게 그림-

▌ 관계대명사에 관한 핵심 사항

: 두 가지 요소(접속사, 명사)를 하나(관계대명사)로 압축함.

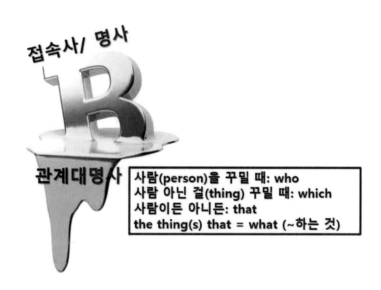

접속사/ 명사

관계대명사

사람(person)을 꾸밀 때: who
사람 아닌 걸(thing) 꾸밀 때: which
사람이든 아니든: that
the thing(s) that = what (~하는 것)

Kristin watered a sunflower　　**which**　　stood in the garden.

문장 A　　　　　　　　　　　　　　　　　　　　문장 B

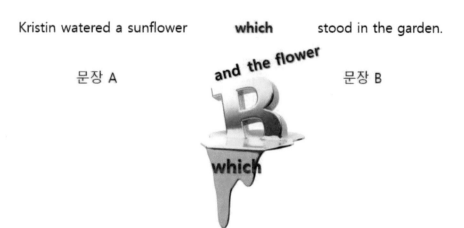

and the flower

which

[접속사(딱풀, 연결체인) 위 예문에서 'and': 두 문장을 붙이는 역할] 별 큰 뜻이 없음.

[the sunflower: 바로 앞의 'a sunflower'하고 같은 것. 중복 표현된 것] 중복된 정보.

두 개의 낱개 문장을 하나의 문장으로 붙이기만 하고 별다른 뜻이 없던 그저 그런 접속사 'and' 와 동일한 물건인 앞 문장의 'a sunflower'와 뒷 문장의 'the sunflower', 이 두 가지 요소를 녹여서 하나의 새로운 단어(관계대명사: who, which, that, what)로 압축시키는 것이 바로 영어 고수들이 자주 쓰는 문장 압축술이다.

▌관계대명사는 이럴 때 사용

관계대명사는 기본적으로 두 가지 상황에 사용한다.

❶ 앞 문장에 나온 사람(person)이나 사물(thing)이 구체적으로 어느 사람(which person) 또는 어느 것 (which thing)을 가르키는 지 꼭 짚어줘야 할 때 쓴다.

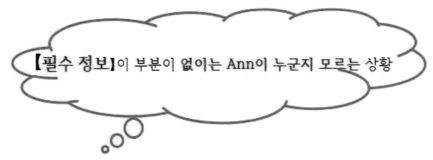

❷ 앞 문장에 나온 사람(person)이나 사물(thing)에 대해 추가 정보를 주고 싶을 때 쓴다.

【추가 정보】이 부분이 없어도 Ann이 누군지 아는 상황
말 나온 김에 Ann에 대한 정보를 하나 더 보태고 싶은
말하는 이의 정보 압축 전략!!

Ann , who lives next door , is very friendly.

Ann   Amy   Allison

▌ '관계대명사'에 관해 기억해야 할 딱 두 가지

관계대명사가 있는 문장 구조에 관해 다음 두 가지만 기억하면 된다.

① '관계대명사가 있는 문장'이

What/Who에 해당하는 정보일 경우:

✎ 빨간 뼈대 위에 위치시키기

✎ 핵심 내용으로 파악하기

② '관계대명사가 있는 문장'이

Which one/추가 정보/ When/Where/Why/How에 해당하는 정보일 경우:

✎ 빨간 뼈대 아래에 위치시키기

✎ 세부 내용으로 처리하기

관계대명사가 쓰이는 문장은 길어서 우리에겐 다소 복잡해 보인다. 그런 복잡한 문장을 말로 설명하면 더 이해가 힘들어진다. 하지만, 그 문장을 그림(다이어그램)으로 보면 한눈에 그 문장 구조가   파악된다

[한 눈에 딱! 관계대명사 묶음 문장 구조 알게 그림 1]

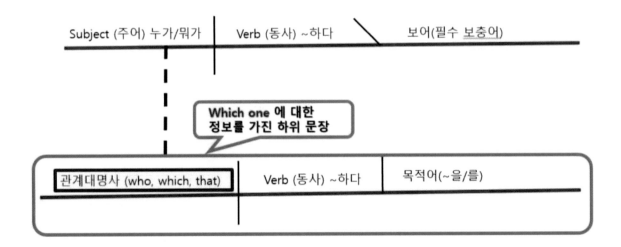

[한 눈에 딱! 관계대명사 묶음 문장 구조 알게 그림 2]

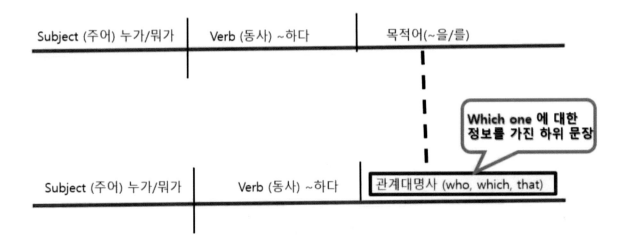

▌ 뼈대 잡기 연습

아래 <예시문1~4>의 뼈대를 그려보자.

<예시 1> Ann who lives next door is very friendly.
　　　　　Ann (여러 Ann 중에 옆집에 사는)은/ 아주 친절하다 .

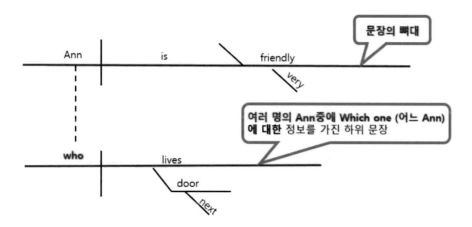

문장의 뼈대

여러 명의 Ann중에 Which one (어느 Ann) 에 대한 정보를 가진 하위 문장

우리를 힘들게 하는 관계대명사 해결법

1. 문장의 주어와 동사를 찾기
2. 관계대명사(who/which/that/ what)가 있는 문장이 which one? (어느 Ann?)에 대한 대답 임을 확인하기.

   Which Ann (어느 Ann)? '옆집에 사는 Ann'
3. 빨간 뼈대 아래에 위치시키고 세부 정보로 처리하기.

<예시 2> Ann, who lives next door, is very friendly.

　　　　　Ann （그리고 그 Ann은 옆집에 사는데,)은/ 아주 친절하다 .

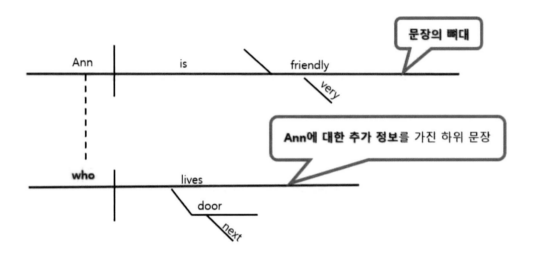

우리를 힘들게 하는 관계대명사 해결법

1. 문장의 주어와 동사를 찾기

2. 콤마 (,)관계대명사 (who/which/that/ what)가 있는 문장이 '세부 추가 정보'임을 확인하기.

   Ann에 대한 추가 정보? 'Ann이 옆집에 사는 데'

3. 빨간 뼈대 아래에 위치시키고 세부 정보로 처리하기.

   콤마 (,)가 있는 관계대명사 문장(추가 정보)이나, 콤마 (,) 가 없는 문장(필수정보)이나 그 기본

   구조는 같다.

<예시 3> Simon, **who had just started his diet**, woke up at midnight because he was hungry.

Simon (그리고 그 Simon은 이제 막 다이어트를 시작했는데,)이/ 잠에서 깼어 한밤중에 / 배가 고파서.

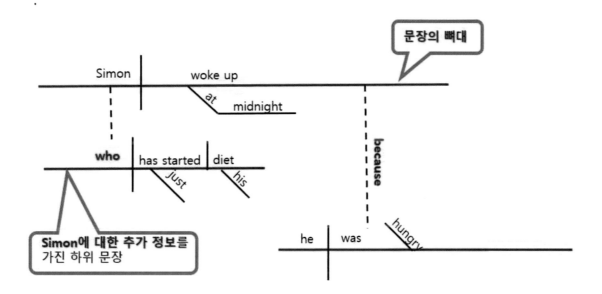

우리를 힘들게 하는 관계대명사 해결법

1. 문장의 주어와 동사를 찾기
2. 콤마 (,)관계대명사 (who/which/that/ what)가 있는 문장이 '세부 추가 정보'임을 확인하기.
   Simon에 대한 추가 정보? '이제 다이어트를 시작했는데'
3. 빨간 뼈대 아래에 위치시키고 세부 정보로 처리하기.

<예시 4> I can't hear what you are saying.

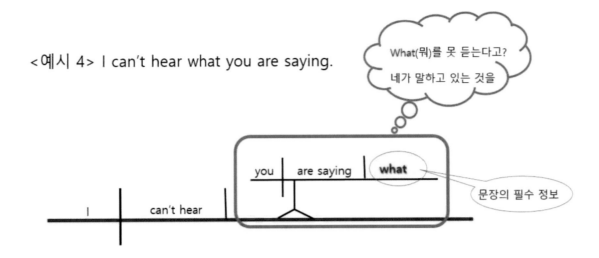

'what you are saying' 큰 파란 박스는 'I can't hear' 라는 문장의 일부로 '뭐를 못 듣는다고?'
에 대한 필수정보가 들어 있다. 파란 박스 통째로 빨간 뼈대에 올라간다. 한편, 그 파란 박스 안
의 문장, 'what you are saying'에서 'what'은 'you are saying'의 목적어이다. 이것 역시 그 작은
문장 ('you are saying') 문장의 필수정보라서 그 파란 박스 안의 문장 뼈대 위에 위치시킨다.

<예시 5> I can't believe that he has passed the exam.

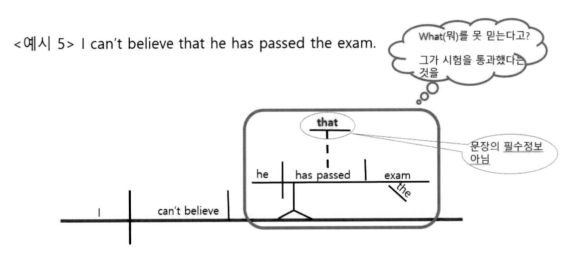

'that he has passed the exam'은 'I can't believe'라는 문장의 일부로 What(뭐를 못 믿는다
고?)에 대한 정보가 들어 있으므로 빨간 뼈대에 올라간다. 한편, 파란 박스 안의 문장 'that he
has passed the exam'에서 'that'은 없어도 상관이 없다. 즉, 문장의 필수정보가 아니라 파란 박
스 안의 문장 뼈대 위에 위치 시키지 않고 그저 점선으로 이어서 위쪽에 기입할 뿐이다.

★[주의 사항] 접속사 that 과 관계대명사 what 구별 ★
위 그림에 나타난 것처럼, <예시5>에서 접속사 that은 문장의 필수 요소가 아니라서 문장 위에
점선으로 그저 이어놓지만, <예시 4>에서 관계대명사 what은 문장의 필수 요소라서 문장 뼈대
위에 속해 있다.

▌ 결론

관계대명사가 있는 묶음 문장은 단순히 접속사로 묶어진 문장과는 그 내부 구조가 다르다. 그 두 문장 간의 관계 및 그 묶음 문장의 구조는 그림을 통해 한눈에 딱 알아볼 수 있다. 주된 문장 말고 나머지 문장이 who, what에 대한 정보이면 메인 문장의 빨간 뼈대 위에 그 정보를 올리면 된다. 주로 관계대명사 'what'이 있는 문장이 여기에 속한다.

한편, 주된 문장 말고 나머지 문장이 which one, when, where, why, how에 대한 정보이면 빨간 뼈대 아래에 선을 그어서 메인 문장과 연결하면 된다. 관계대명사(who, which, that)가 있는 대부분 문장이 여기에 속한다. 이제 더 이상 관계대명사 절이 목적어로 쓰이니 수식어로 쓰이니 말로만 풀이하는 문법은 필요 없다. 그저 문장 구조 그림(다이어그램)을 눈으로 보고 그 문장 구조를 직관적으로 파악하면 된다. 이게 바로 빠른 읽기와 듣기로 가는 지름길이다.

17장 문장 그림 ⑤ 현재분사, 동명사가 한눈에 딱!

-'동사원형ing' 묶음 문장 구조 한 눈에 알아보게 그림-

▮ 고효율 압축된 문장

영어 고수들은 한 문장의 길이가 다소 길어지더라도 한 문장 안에 핵심이 되는 정보는 최대한 많이 넣으려 한다. 한편, 중복되는 정보는 삭제하면서 고효율 압축된 문장을 구사한다. 그들이 사용하는 문장의 패턴들은 주로 준동사(verbals: -ing, -ed, to-)를 사용하여 정보들을 압축해서 전달한다.

Kristin watered a sunflower **, and Kristin stood** in the garden.

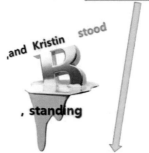

Kristin watered a sunflower **, standing** in the garden.

세 가지 요소(접속사, 주어, 동사의 시간 정보)를 하나(현재분사: 동사원형ing)로 압축

[접속사 'and': 두 문장을 붙이는 역할] 별 큰 뜻이 없음.→ 삭제

[the sunflower: 바로 앞의 'a sunflower'하고 같은 것] 중복된 정보.→ 삭제

[stood의 시간 정보] : 앞 문장으로 녹아 들어가므로, '동사'로 가졌던 '시간의 정보(tense)' → 삭제

이 세 가지를 현재분사 (동사원형ing)하나로 압축함.

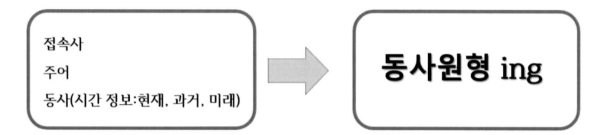

▌ 우리가 '동사원형 ing'에 관해 기억해야 할 딱 세 가지

'동사원형 ing'가 있는 문장은 다음 세 가지다. 각 종류 별 문장 구조 그림을 눈으로 한번 확인하면 문장 내용 파악이 훨씬 쉬워진다.

① 콤마(,) '동사원형 ing'가 있는 문장(현재분사)
 ✎ 주어에 대해 'Which one' 또는 추가 정보를 주는 경우
 ✎ 빨간 뼈대 아래에 위치시키기
 ✎ 세부 내용으로 처리하기

[그림 1 : 콤마(,) '동사 원형ing']

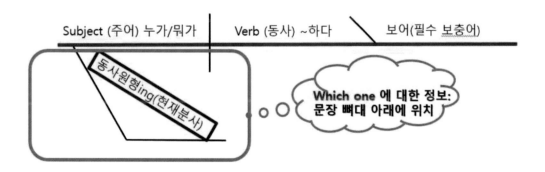

<예시 1> Kristin watered a sunflower **,** **standing** in the garden.

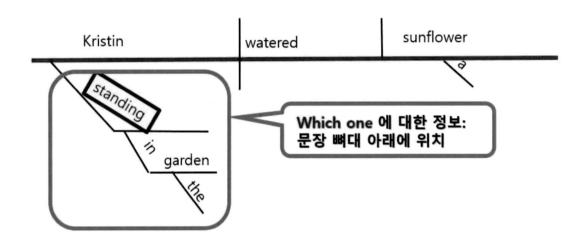

> **Which one** 에 대한 정보:
> 문장 뼈대 아래에 위치

1. 문장의 주어와 동사를 찾기
2. 콤마 (,)'동사원형ing' 이 있는 문장이 which one? (어느 Kristin?)에 대한 대답임을 확인하기.
   Kristin에 대한 추가 정보: 'Kristin이 정원에 서있는 데'
3. 주어에 관한 '세부 추가 정보'임을 확인하기
4. 빨간 뼈대 특히 주어 아래에 위치시키고 세부 정보로 처리하기.

② **콤마 없이 '동사원형ing'가 있는 문장(현재분사)**

✎ 주어가 아닌 말(목적어나 보어 등)에 대해 'Which one' 또는 추가 정보를 주는 경우

✎ 빨간 뼈대 아래에 위치시키기

✎ 세부 내용으로 처리하기

[그림 2 : 콤마(,) 없는 '동사원형ing']

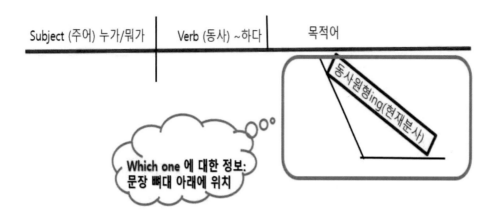

<예시 2> Kristin watered a sunflower **standing** in the garden.

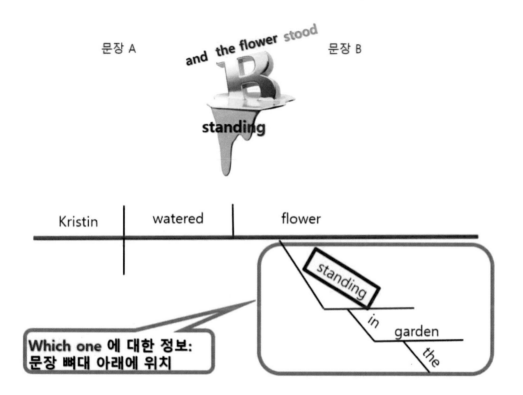

1. 문장의 주어와 동사를 찾기
2. '동사원형ing'가 있는 문장이 which one? (어느 flower?)에 대한 대답임을 확인하기.
   Which flower (어느 flower)? '정원에 서 있는 flower'
3. '동사원형ing'(주어아닌 다른 말에 관한 정보)
4. 빨간 뼈대 특히 관련있는 말 바로 아래에 위치시키고 세부 정보로 처리하기.

③ 콤마 없이 '동사원형ing'가 있는 문장(동명사)

✎ What에 대한 정보를 주는 경우

✎ 빨간 뼈대 위에 위치시키기

✎ 핵심 내용으로 파악하기

[그림 3 : 콤마(,) 없는 동사원형ing]

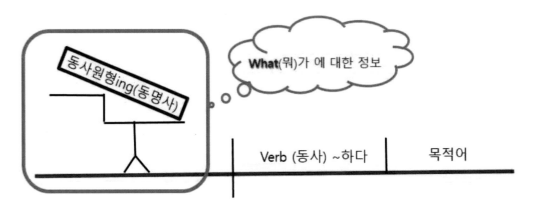

<예시 3> Drinking coffee at midnight causes sleep problems.

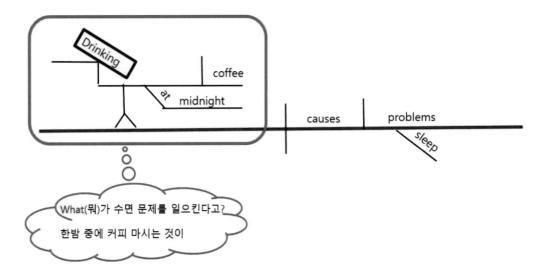

1. 문장의 주어와 동사를 찾기

2. '동사원형ing'가 있는 문장이 'what에 대한 정보'임을 확인하기.

　 뭐가 수면 문제를 일으키나? '커피 마시는 게'

3. 빨간 뼈대 위, 특히 주어 자리에 위치시키기

4. 핵심 내용으로 파악하기.

- Everyone saving money at this bank will receive a gift.

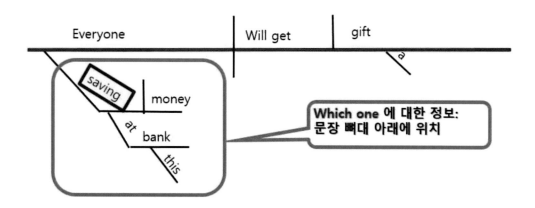

'saving money at the bank'는 '문장의 일부로 'Which one(어떤 사람들이?)'에 대한 정보가 들어 있으므로 빨간 뼈대 아래로 내린다.

★[주의] 동명사와 현재분사 구별★
위 그림에 나타난 것처럼, 현재분사는 문장의 필수 요소가 아니라 문장 뼈대 아래에 내려지지만, 동명사는 문장의 필수 요소라 문장 뼈대 위에 올려진다.

■ 결론

'동사 원형-ing'가 있는 묶음 문장은 단순히 접속사로 묶어진 문장과는 그 내부 구조가 다르다. 그 두 문장 간의 관계 및 그 묶음 문장의 구조는 그림을 통해 더 쉽게 알아볼 수 있다. 주된 문장 말고 나머지 문장이 which one에 대한 정보이면 빨간 뼈대 아래에 선을 그어서 메인 문장과 연결하면 된다. 한편, 주된 문장 말고 나머지 문장이 what에 대한 정보이면 빨간 뼈대 위에 그 정보를 올리면 된다.

문장 구조를 어려운 용어가 즐비한 말로 설명하기보다 눈으로 직관적으로 이해하는 게 더 효과적이다. 이런 문장 구조에 대한 직관적인 인식은 빠른 읽기와 듣기, 그리고 생각을 정확히 말하고 쓰는 것에도 큰 도움이 될 것이다.

▌연습문제 ❶-1

Step 1. 다음 문장의 주어(subject)/동사(verb)/목적어(object)에 밑줄 긋기

Step 2. 문장 다이어그래밍(sentence diagramming) 하기

His father encouraged him to study painting. (2022학년도 수능 26번 문항)

▌연습문제 ❶-2

Step 1. 다음 문장의 주어(subject)/동사(verb)/목적어(object)에 밑줄 긋기

Step 2. 문장 다이어그래밍(sentence diagramming) 하기

To her disappointment, she had failed to beat her personal best time, again. (2023학년도 수능 19번 문항)

▌연습문제 ❶-1 〈정답 및 해설〉

His father encouraged him to study painting.

✎ 핵심 파악: 주어 / 동사/ 목적어

   father / encouraged / him

▌연습문제 ❶-2 〈정답 및 해설〉

To her disappointment, she had failed to beat her personal best time, again.

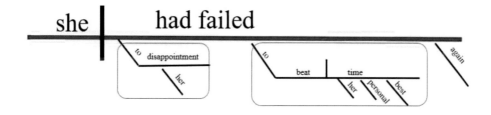

✎ 핵심 파악: 주어 / 동사

   she / had failed

▌연습문제 ❶-3

Step 1. 다음 문장의 주어(subject)/동사(verb)/목적어(object)에 밑줄 긋기

Step 2. 문장 다이어그래밍(sentence diagramming) 하기

He researched a variety of subjects, including mass media and law. (2023학년도 수능 26번 문항)

▌연습문제 ❶-4

Step 1. 다음 문장의 주어(subject)/동사(verb)에 밑줄 긋기

Step 2. 문장 다이어그래밍(sentence diagramming) 하기

Dad will be surprised to find out what it is! (2023학년도 수능 43~45번 문항)

■연습문제 ❶-3 〈정답 및 해설〉

He researched a variety of subjects, including mass media and law.

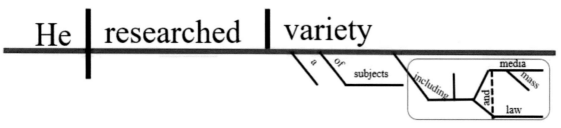

✎ 핵심 파악: 주어 / 동사 / 목적어

  He / researched / variety

■연습문제 ❶-4 〈정답 및 해설〉

Dad will be surprised to find out what it is!

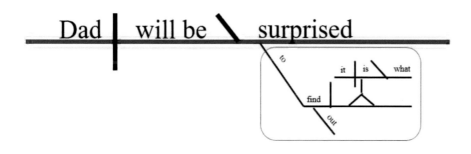

✎ 핵심 파악: 주어 / 동사 / 보어

  dad / will be / surprised

▌연습문제 ❶-5

Step 1. 다음 문장의 주어(subject)/동사(verb)에 밑줄 긋기

Step 2. 문장 다이어그래밍(sentence diagramming) 하기

Looking at the slowly darkening ground before her, she sighed to herself. (2022학년도 수능 19번 문항)

Looking at the slowly darkening ground before her, she sighed to herself.

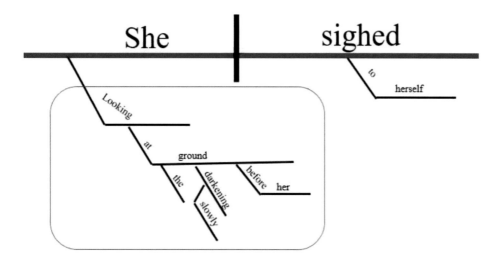

✎ 핵심 파악: 주어 / 동사

   she / sighed

▌연습문제 ❷-1

Step 1. 다음 문장의 주어(subject)/동사(verb)/보어(complement)에 밑줄 긋기

Step 2. 문장 다이어그래밍(sentence diagramming) 하기

Cora was a new member, whom Anna had personally invited to join the club. (2022학년도 수능 43번~44번 문항)

▌연습문제 ❷-2

Step 1. 다음 문장의 주어(subject)/동사(verb)에 밑줄 긋기

Step 2. 문장 다이어그래밍(sentence diagramming) 하기

The very features that create expertise in a specialized domain lead to ignorance in many others. (2022학년도 수능 21번 문항)

▌연습문제 ❷-1 〈정답 및 해설〉

Cora was a new member, whom Anna had personally invited to join the club.

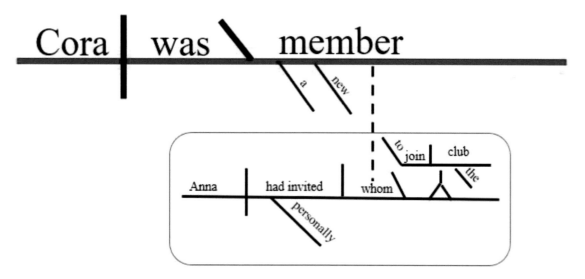

✎ 핵심 파악: 주어 / 동사/ 보어

   Cora / was / member

▌연습문제 ❷-2 〈정답 및 해설〉

The very features that create expertise in a specialized domain lead to ignorance in many others.

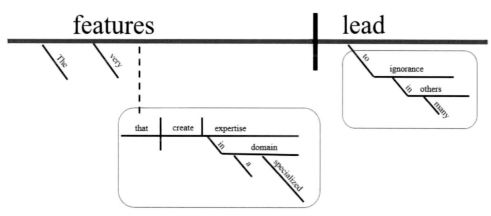

✎ 핵심 파악: 주어 / 동사

   features / lead

▌연습문제 ❷-3

Step 1. 다음 문장의 주어(subject)/동사(verb)/목적어(object)에 밑줄 긋기

Step 2. 문장 다이어그래밍(sentence diagramming) 하기

Cells that help your hand muscles reach out to an object need to know the size and location of the object. (2023학년도 수능 24번 문항)

▌연습문제 ❷-4

Step 1. 다음 문장의 주어(subject)/동사(verb)/목적어(object)에 밑줄 긋기

Step 2. 문장 다이어그래밍(sentence diagramming) 하기

The creator of humor is putting ideas into people's heads for the pleasure those ideas will bring, not to provide accurate information. (2022학년도 수능 31번 문항)

▌연습문제 ❷-3 〈정답 및 해설〉

Cells that help your hand muscles reach out to an object need to know the size and location of the object.

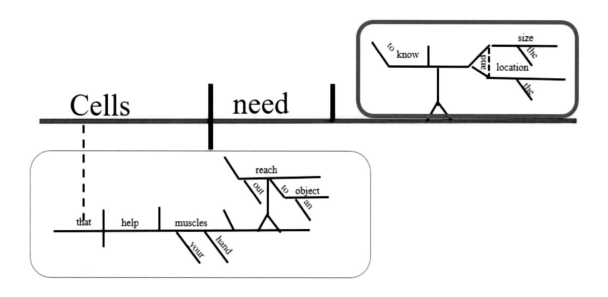

✎ 핵심 파악: 주어 / 동사 / 목적어
  cells / need / to know the size and the location

▌연습문제 ❷-4 〈정답 및 해설〉

The creator of humor is putting ideas into people's heads for the pleasure those ideas will bring, not to provide accurate information.

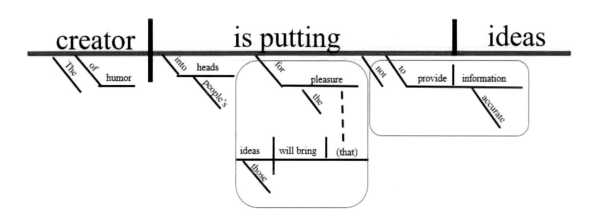

✎ 핵심 파악: 주어 / 동사 / 목적어
  creator / is putting / ideas

▌연습문제 ②-5

Step 1. 다음 문장의 주어(subject)/동사(verb)에 밑줄 긋기

Step 2. 문장 다이어그래밍(sentence diagramming) 하기

As a child learning to speak, you had to work hard to learn the system of classification your parents were trying to teach you. (2022학년도 수능 41번~42번 문항)

■ 연습문제 ❷-5 〈정답 및 해설〉

As a child learning to speak, you had to work hard to learn the system of classification your parents were trying to teach you.

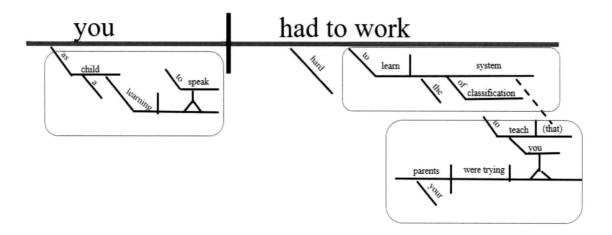

✎ 핵심 파악: 주어 / 동사

　you / had to work

20장 연습문제❸ (수능 기출 문장)

▌연습문제 ❸-1

Step 1. 다음 문장의 주어(subject)/동사(verb)/보어(complement)에 밑줄 긋기

Step 2. 문장 다이어그래밍(sentence diagramming) 하기

Understanding the humor may even be required as an informal badge of membership in the organization. (2021학년도 수능 35번 문항)

▌연습문제 ❸-2

Step 1. 다음 문장의 주어(subject)/동사(verb)/목적어(object)에 밑줄 긋기

Step 2. 문장 다이어그래밍(sentence diagramming) 하기

He also wrote a brief introduction to economics entitled The Economic Organization, which became a classic of microeconomic theory. (2021학년도 수능 26번 문항)

▌연습문제 ❸-1 〈정답 및 해설〉

Understanding the humor may even be required
as an informal badge of membership in the organization.

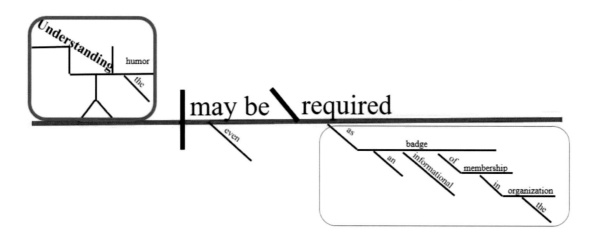

✎ 핵심 파악: 주어 / 동사

understanding the humor / may be required

▌연습문제 ❸-2 〈정답 및 해설〉

He also wrote a brief introduction to economics entitled The Economic Organization,
which became a classic of microeconomic theory.

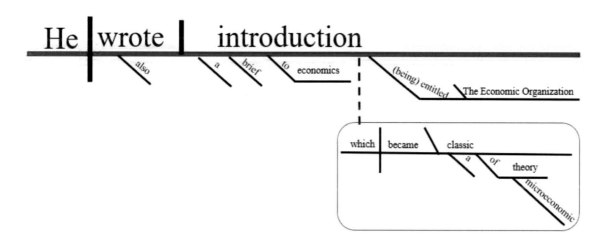

✎ 핵심 파악: 주어 / 동사 / 목적어

he / wrote / introduction

▌ 연습문제 ❸-3

Step 1. 다음 문장의 주어(subject)/동사(verb)에 밑줄 긋기

Step 2. 문장 다이어그래밍(sentence diagramming) 하기

It probably happened because over time, experimenters subconsciously adjusted their results to match what they expected to find. (2021학년도 수능 30번 문항)

▌ 연습문제 ❸-4

Step 1. 다음 문장의 주어(subject)/동사(verb)/목적어(object)에 밑줄 긋기

Step 2. 문장 다이어그래밍(sentence diagramming) 하기

Thanks to newly developed neuroimaging technology, we now have access to the specific brain changes that occur during learning. (2021학년도 수능 33번 문항)

▌연습문제 ❸-3 〈정답 및 해설〉

It probably happened
because over time, experimenters subconsciously adjusted their results
to match what they expected to find.

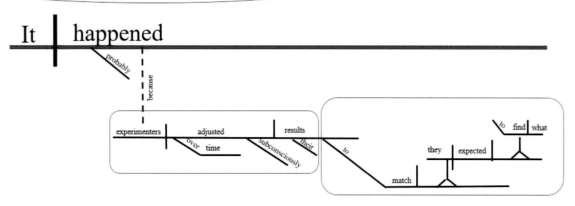

✎ 핵심 파악: 주어 / 동사
  it / happened

▌연습문제 ❸-4 〈정답 및 해설〉

Thanks to newly developed neuroimaging technology, we now have access to
the specific brain changes that occur during learning.

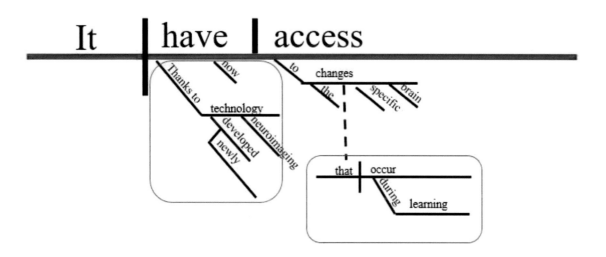

✎ 핵심 파악: 주어 / 동사 / 목적어
  We / have / access

▌연습문제 ❸-5

Step 1. 다음 문장의 주어(subject)/동사(verb)/보어(complement)에 밑줄 긋기

Step 2. 문장 다이어그래밍(sentence diagramming) 하기

The entrance to a honeybee colony, often referred to as the dancefloor, is a market place for information about the state of the colony and the environment outside the hive.

(2023학년도 수능 33번 문항)

The entrance to a honeybee colony, often referred to as the dancefloor, is a market place for information about the state of the colony and the environment outside the hive.

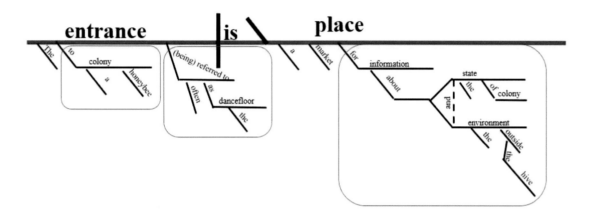

✎ 핵심 파악: 주어 / 동사 / 보어

  entrance / is / place

알맹이 문법 지식만 챙기고 의사소통 여행 떠나기
-벙어리병에 걸리게 하는 한국식 문법 공부에서 멀어지기-

몇 년의 영어 공부를 하고도 우리는 왜 영어에 자신감과 재미를 잃게 되는 걸까요? 많은 우리 나라 영어 학습자들은 문법적으로 틀린 문장을 쓰거나 말하는 것을 지나치게 두려워합니다. 실수할까 봐 아예 말하기를 꺼리는 일도 생깁니다. 결국 오랜 영어 공부를 하고도 영어 한 마디 못 하고 꿀 먹은 벙어리처럼 되는 안타까운 일이 생깁니다.

세계적으로 사용되는 웹 플랫폼과 프로그램 등의 사용통계를 리서치해서 공개하고 있는 연구 단체인 W3Techs (https://w3techs.com)의 자료에 따르면 온라인상 정보의 57.7%, 기술과 과학의 정기 간행물들의 50% 이상이 영어로 전달된다고 합니다. 영어는 넓은 세상 사람들과의 소통에 점점 더 요긴해지는 도구로 자리 잡고 있습니다. 하지만 그건 비단 영어 원어민과의 소통만을 의미하진 않습니다. W3Techs의 통계에 따르면 영어로 말하는 대화의 딱 4%만이 원어민 대 원어민과의 대화 라고 합니다. 나머지 96%는 원어민이 아닌 사람이 포함되는 대화입니다. 우리가 넌네이티브 (non-native)와 영어로 소통하게 될 경우가 훨씬 많다는 뜻이기도 합니다.

그러므로 우리는 영어 원어민과 같은 완벽한 영어를 구사하지 못해도 주눅들 필요가 없습니다. 틀린 문장을 내뱉는 것에 대한 두려움을 더 이상 갖지 말고 그냥 말해보세요. 문법적 오류보다 말의 내용에 몰입해보세요. 어렵고 현학적인 말보다 쉽게 알아들을 수 있는 말로 자기의 생각을 표현하고 공감대를 형성할 줄 아는 능력이 더 중요한 시대입니다. 벙어리병에 걸리게 하는 한국식 영문법보다 생각을 문장으로 구성하기 위한 영문법을 공부하는 게 더 현명한 선택입니다.

이 책은 <문장을 구성하기 위한 알맹이 문법>을 쉽고 직관적으로 소개했습니다. 이 책을 통해 여 러분의 영어 자신감이 커지고 자기의 경험이나 배움을 세계 사람들과 영어로 소통해 보는 마음이 생 기길 기대합니다. 당장 오늘부터 자신의 관심 분야의 영어 영상을 보고 영어 댓글 달기를 해보는 건 어떨까요? 남들이 써놓은 댓글의 문법적 오류에 신경 쓰지 말고 글을 남긴 사람의 마음과 생각을 읽 으려 집중하는 습관을 만들어 보세요.

▌ 참고 문헌

· Vitto, L. Cindy. (2006). *Grammar by Diagram* (2nd ed.). Broadview Press.

· Raymond M. (2007). *Essential Grammar In Use* (3rd ed.). Cambridge University Press

· 2022학년도 대학수학능력시험 영어

· 2023학년도 대학수학능력시험 영어